Curso de Introducción

a la Administración

de Bases de Datos

Miguel Ángel Benítez

Ángel Arias

Tabla de contenido

Introducción

El buen uso de las bases de datos es fundamental para las buenas prácticas en la programación actual. Una base de datos optimizada, con sus backups automatizados, con el uso de triggers, etc... es lo que dará finalmente agilidad al desarrollador de aplicaciones con bases de datos y al rendimiento de las propias aplicaciones que trabajan con bases de datos.

Debido al aumento exponencial de las nuevas tecnologías de la información, sumado al uso de las tecnologías móviles con acceso a Internet, el volumen de datos que manejan tanto las empresas, como muchos particulares (con solamente almacenar algunos datos de sus redes sociales y contactos profesionales) se ha incrementado notablemente, con lo cual, a día de hoy es casi imposible imaginar una aplicación que no necesite trabajar con una base de datos.

Las Bases de datos son colecciones de información (datos) que se relacionan para crear un sentido y dar más eficiencia a una encuesta, un estudio organizado o la estructura de datos de una empresa. Son de vital importancia para las empresas, y en las últimas décadas se han convertido en la parte principal de los sistemas de información. Normalmente los datos permanecen allí durante varios años sin necesidad de cambiar su estructura.

Las bases de datos suelen ser gestionadas por sistemas de gestión de bases de datos (SGBD), que surgieron en los años 70. Antes de estos, las aplicaciones utilizadas en los archivos del sistema operativo para almacenar sus sistemas de información. En los años 80 la tecnología de SGBD relacional llegó a dominar el mercado, y en la actualidad se utiliza casi exclusivamente. Otro tipo de bases de datos destacadas son los SGBD orientados a objetos, donde su estructura o aplicaciones que lo utilizan están en constante cambio. La aplicación principal de la base de datos principal es la que controla todas las operaciones empresariales.

Conceptos iniciales de bases de datos

La informática es una ciencia que se encarga de recibir datos, realizar el procesamiento de los mismos y devolver el resultado de la transformación al público en general, como una necesidad específica. Una de las preocupaciones de la informática está en cómo proporcionar a los equipos informáticos la capacidad para almacenar en ellos la máxima cantidad de información de forma estructurada a fin de facilitar las operaciones a realizar con esta información con la menor manipulación manual posible. En esta preocupación se fundamenta el estudio de los sistemas de bases de datos.

En general, los profesionales que se especializan en bases de datos trabajan en colaboración con otros profesionales de la informática, los ordenadores, la tecnología y otras áreas, para la gestión de los sistemas de datos que proporcionan la información necesaria para que puedan llevar a cabo sus acciones profesionales.

Definición de los datos y la información

Para comenzar nuestro estudio sobre las bases de datos, es necesario, en primer lugar, definir lo que son los datos y lo que es la información.

Dato es el nombre que damos a cualquier valor, tanto si tiene sentido como no. Por ejemplo: 1, María, en 2222,… es muy probable que usted entienda lo que decimos, pero no entienda de qué estamos hablando. Esto es porque, en estos casos, son sólo valores, sin sentido en sí mismos.

La información es el nombre que damos a un conjunto de datos estructurados con el objetivo de tener una idea. Si decimos que María es el nombre de su tía, María es parte de una estructura que da sentido al valor indicado.

El almacenamiento de datos

A lo largo de la historia, los seres humanos siempre han tratado de desarrollar herramientas y técnicas para almacenar datos, ya sea en su mente o a través de la escritura sobre piedra, papel y otros medios de comunicación. Lógicamente, cada tipo de almacenamiento tiene sus ventajas y desventajas en cuanto a su uso.

Los primeros sistemas informáticos tenían poca memoria física y la información necesaria para el procesamiento de la computadora se almacenaba en medios como la cinta perforada. Con la cantidad creciente de información a ser almacenada y procesada, surgió el concepto de archivo, es decir, un grupo de datos estructurados, con un nombre y almacenado en el disco duro del ordenador. Como aún no había existía el concepto de conectar los ordenadores en red, cada departamento de una organización tenía su archivo de datos y estos no se comunicaban entre ellos. Lógicamente, esto trajo muchos problemas: si un departamento necesitaba una información y no estaba en sus archivos de datos, debía conseguir que otro departamento se la facilitara. La información que fuera necesaria en varios departamentos debía ser registrada en los archivos de cada departamento, los cuales, a medida que pasaba el tiempo, generaban información obsoleta.

Por lo tanto, se hizo necesario integrar la información de una organización en un solo lugar y establecer el acceso a la misma. La investigación en torno a estas necesidades trajo el desarrollo de las bases de datos y la gestión de los sistemas de bases de datos. Los primeros sistemas de bases de datos surgieron a mediados de la década de 1960.

Definición de las bases de datos

Llamamos base de datos (o bases de datos) a un conjunto de datos dispuestos con el objetivo de proporcionar información a los usuarios y permitir transacciones como inserción, eliminación y actualización de datos.

Hay varias formas (modelos) para construir una base de datos:

- **Flat file:** archivos planos que almacenan información.
- **Relacional:** tiene este nombre debido a que organiza los datos en tablas y establece relaciones entre las tablas. Este es el modelo más popular y el que utilizamos para estudiar los conceptos en este libro.
- **Orientado a objetos:** tiene este nombre debido a que organiza los datos en clases y objetos.
- **Jerarquico:** modelo que organiza los datos en forma de árbol. Fue uno de los primeros modelos.
- **Red:** organiza los datos en tablas, que son conectados por referencias, creándose una estructura como una red.
- **Dimensional:** organiza e integra los datos en múltiples dimensiones, lo que facilita las consultas de los datos.

Sistema de Base de Datos (SBD)

Sistema de gestión de bases de datos (SBD) es el nombre dado a un conjunto de programas informáticos que gestionan una base de datos. Su objetivo principal es evitar la manipulación directa por un usuario de una base de datos y establecer un marco estándar para que los datos sean organizados y manipulados y tengan una interfaz estándar para que otros programas puedan acceder a la base de datos. Los SBD también proporcionan herramientas adicionales que tienen como objetivo ayudar a manipular los datos de una base de datos.

Hay muchos sistemas SBD en el mercado. En las bases de datos relacionales, los sistemas más populares son:

- Oracle
- SQL Server
- MySQL
- PostgreSQL

En este libro utilizaremos MySQL como herramienta principal. Esto se debe a que MySQL es un sistema de base de datos libre, de código abierto, rico en funciones para los usuarios novatos, y más sencillo que otros sistemas con características similares como

PostgreSQL. Es importante destacar que en la actualidad en el mercado, MySQL está más valorado en el segmento de desarrollo web. El mercado de bases de datos, en general, ha considerado como más profesional a Oracle y a SQL Server; ambos pueden ser buenas opciones si usted tiene la intención de centrarse profesionalmente en el área de bases de datos.

Los usuarios de SBD

Los principales tipos de usuarios de los sistemas de bases de datos son:

- **Los administradores de bases de datos (ABD):** profesionales responsables de la administración de sistemas SBD. Su función es regular el acceso de los usuarios a las bases de datos y asegurar el mantenimiento y la seguridad de las mismas.
- **Los analistas de bases de datos:** profesionales encargados de diseñar e implementar los SBD y hacer las integraciones necesarias con cada conjunto de usuarios del sistema.
- **Los usuarios finales:** este término se refiere a todos los usuarios que no tienen que ver directamente con la gestión de la base de datos. Esto va desde otros profesionales que necesitan acceder a la base de datos (por ejemplo, programadores, analistas de sistemas) a otros usuarios comunes (tales como gerentes, profesionales de las finanzas y similares) que manipulan la base de datos, ya sea directamente (a través de una interfaz de nivel alto) o indirectamente (a través de una aplicación que tiene acceso a la base de datos).

Modelo Conceptual de Bases de Datos

El modelo conceptual es el primer modelo desarrollado para crear una base de datos. Su objetivo es esbozar la estructura de la base de datos sin preocuparse por como es su estructura. Hay varias formas de crear este modelo si bien el más utilizado por los desarrolladores de bases de datos es el modelo Entidad-Relación (MER), desarrollado en los EE.UU. por Peter Pin-Shan Chen y presentado al público en 1975. La idea básica de este modelo es abstraer problemas del mundo real, la conversión de los seres, los acontecimientos y las cosas en entidades y el establecimiento de vínculos entre estas (lo que llamamos relación).

Modelo Entidad-Relación (MER)

Para crear el MER, seguimos los siguientes pasos:

1. Se define el problema a resolver por la base de datos: entender para que se utilizará la base de datos. Por ejemplo, imaginemos que la necesidad de nuestra base de datos es almacenar los datos de las compras de los clientes de un supermercado.

2. Dividir el problema en entidades: si entendemos cual es la necesidad que debe resolver la creación de la base de datos, ahora debemos establecer las entidades que formarán parte de nuestra base de datos. Llame tipo de entidad, a un conjunto de elementos con las mismas características. **Para cada tipo de entidad debe hacer una representación con un rectángulo y el nombre del tipo de entidad en el centro.** Sobre la base de nuestro ejemplo, en el supermercado, podemos ver dos tipos principales de entidades: clientes y compras. Lógicamente, estamos trabajando con una muestra de sólo dos entidades: una base de datos común tiene varias entidades relacionadas.

3. Determinar los atributos de cada entidad: nombrar cada tipo de atributo característico que nos interesa almacenar para cada tipo de entidad. Esto significa que queremos determinar qué información necesitamos de cada tipo de entidad, descartando los que no son convenientes. Utilizamos óvalos con el nombre de cada atributo en el centro, conectados a la entidad con los que se relaciona. En nuestro ejemplo, ¿que nos puede interesar del cliente? Por ejemplo, vamos a elegir el nombre y el DNI. De la compra, vamos a elegir el producto, el valor del producto y el valor de la compra. Cada valor diferenciado que tenemos dentro de un tipo se llama atributo.

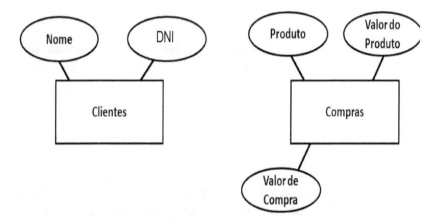

4. Determinar el identificador: después de determinar los atributos, debemos elegir un atributo clave. Clave significa que este campo se utiliza para diferenciar los datos de un mismo tipo de entidad. Para determinar el atributo clave, en general, se elije uno ya existente que sabemos que nunca se repetirá. Si no es así, podemos crear un nuevo campo con este propósito. Dentro de nuestro modelo, sabemos que el DNI puede ser un atributo clave, ya que es un valor único para cada cliente. Sin embargo, en el valor de la compra, puede haber valores repetidos. En este caso, se puede crear un nuevo campo (llamémoslo Código de Compra) que siempre va a ser diferente para cada compra.

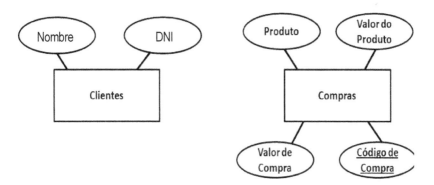

5. Establecer las relaciones: una relación es lo que hace la conexión entre dos entidades. Generalmente, se representa por una acción, que se coloca en el centro de un diamante. En nuestro ejemplo, un cliente compra. Por lo tanto, la relación entre el cliente y la venta es "HACER".

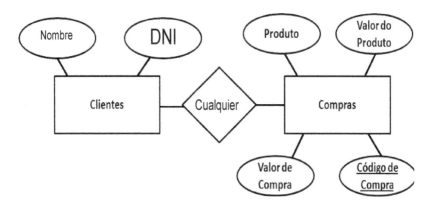

6. Establecer la cardinalidad de cada relación: cardinalidad es como es una relación entre dos tablas. Se definen dos tipos de cardinalidad:

- **Cardinalidad mínima** - Dice si la relación es obligatoria o no. Si un elemento es obligatorio en la relación, debe haber un 1 a su lado. Si no se necesita el elemento, marque 0 a su lado.

- **Cardinalidad máxima** - Establece las relaciones máximas que las entidades puedan tener. Si un elemento puede tener como máximo una ocurrencia en una relación, trazar a su lado un 1. Si un elemento puede tener varias ocurrencias en una relación, trazar a su lado N.

En nuestro ejemplo, primero definimos la cardinalidad mínima: ¿un cliente debe tener una compra obligatoria registrada? Probablemente no. Así que en ir de compras, esta relación tiene un valor 0 en este sentido. Pero, sin embargo, cada compra debe tener un cliente: esto significa que los clientes reciben el valor 1.

Luego veremos la cardinalidad máxima: un cliente puede hacer una o más compras. Por lo tanto, las compras recibirán la cardinalidad máxima N, pero los clientes recibirán la cardinalidad 1.

Así que ponga de lado del cliente 1.1 y en la próxima compra 0 a N.

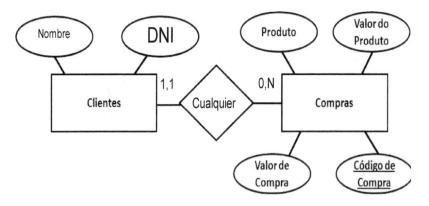

7. Refinar el modelo y eliminar elementos innecesarios: hasta ahora no nos hemos preocupado acerca de los aspectos logísticos (por ejemplo, las compras de la entidad sólo tienen un campo de producto y valor del producto. Pero ¿y si el cliente quiere comprar más de un artículo?). Sin embargo, podemos perfeccionar nuestro modelo conceptual: asegurar que no hay entidades, relaciones o atributos innecesarios o lo contrario. El MER tiene varias características para mejorar la creación y el despliegue de una base de datos, pero en este libro, lo que se ha aprendido hasta ahora es suficiente para nuestros propósitos.

Ingeniería de Bases de datos

La ingeniería de Bases de datos trata de la construcción de la base de datos y los aspectos relacionados. Aunque algunas personas quieran "ponerse manos a la obra" y directamente, construir una base de datos, esto exige una cuidadosa planificación, ya que los errores y desajustes en las bases de datos pueden traer problemas inmediatos o futuros de difícil solución. Un análisis más detallado muestra que el proceso de ingeniería de base de datos es similar al proceso de ingeniería de software.

Muchas de las acciones relacionadas con la Ingeniería de bases de datos son las acciones que se pueden realizar mecánicamente, pero hay varias herramientas para facilitar la vida del desarrollador y administrador de la base de datos. Estas herramientas se conocen como herramientas CASE (Computer-Aided Software Engineering). A medida que avanzamos en nuestros estudios relacionados con las bases de datos, nos encontramos con varias herramientas que están diseñadas para ayudar en cada paso, y que también ayudan a entender los aspectos teóricos.

Pasos a poner en práctica para crear una base de datos:

- **Implementar un sistema de documentación y una metodología de trabajo y desarrollo:** en el desarrollo de cualquier cosa, el primer paso debe ser el establecimiento de un sistema de documentación que sirva para orientar todo el proyecto, incluyendo una metodología y desarrollo. Metodología implica ser dueño de procesos transparentes y bien definidos y científicos para ejecutar cada acción propuesta, como disponer de medios para detectar los fallos y errores en el proceso y la aplicación de una corrección rápida.
- **Establecer el propósito de la base de datos:** establecer la necesidad inicial de la aplicación de la base de datos y el tipo de base de datos que se utilizará en el caso.

- **Determinar la fuerza de trabajo, los recursos que se utilizarán y los horarios de trabajo:** sobre la base de los dos primeros pasos, se puede estimar el personal necesario para llevar a cabo el desarrollo, más allá de los recursos financieros y tecnológicos que se utilizarán. En base a esto, se puede establecer una línea de tiempo para determinar los plazos para cada acción a realizar.

- **Análisis de Requisitos:** recopilar los datos necesarios para construir la base de datos, con la participación de los casos de uso, los datos que se almacenen, la necesidad de acceso y el tiempo de conversión, las necesidades humanas y las necesidades técnicas. Determinar el principal problema a resolver y los sub-problemas, descartando lo que no es necesario.

- **Modelo conceptual:** especificaciones de conversión en diagramas (modelado de datos). En este caso, hacemos una abstracción de la información obtenida. El método principal es el uso de MER.

- **Modelo lógico:** conversión de diagramas en diagramas lógicos (mapeo), la determinación de las relaciones y reglas que operan en cada relación. En esta etapa se realiza la conversión del MER a un modelo que facilita la conversión a la base de datos especificada. En esta etapa se realiza la normalización, la cual consiste en la aplicación de varias reglas lógicas para optimizar el sistema a ser desarrollado.

- **Diseño físico:** la conversión a las necesidades específicas de la aplicación.

- **Desarrollo:** la creación de la estructura de la base de datos.

- **Verificación y Validación:** Las pruebas que se realizan en la base de datos, para solucionar los posibles errores y el análisis de la interacción de los usuarios con el sistema. Basándose en los resultados, propondremos nuevas soluciones y correcciones para optimizar el sistema en cuestión.

- **Mantenimiento:** consiste en analizar cómo funciona el sistema de manera continua y realizar correcciones, actualizaciones y cambios (hardware, software, o personal) que se consideren necesarios.

Pasos que se deben realizar al asumir una base de datos existente

- **Compruebe la base de datos (versión del modelo):** es decir, comprobar cual es la versión existente y cuáles son las aplicaciones que acceden a la base de datos de la organización.
- **Compruebe la documentación y el impacto en la organización:** es decir, comprobar si existe algún tipo de documentación (que es mínimo) que describa la estructura de la base de datos. También debe comprobar la importancia de la base de datos en la organización.
- **La comprensión de la estructura de la base de datos.**
- **Compruebe las posibilidades de cambio y la migración.**
- Adoptar las técnicas de "Pasos a implementar para crear una base de datos.

El Modelo Lógico

El modelo lógico es el nombre dado a los procesos que convierten un modelo conceptual en un modelo más técnico y adecuado para su posterior conversión en la base de datos en sí. Cada tipo de bases de datos tiene su tipo de modelo lógico.

En general, para componer el modelo lógico de una base de datos relacional, se utiliza el proceso de normalización, que es un conjunto de reglas para determinar la construcción correcta de la base de datos. A medida que organizamos los pasos para construir el modelo lógico, explicaremos las reglas de normalización. Para componer la estructura lógica en MySQL, hay una herramienta CASE recomendado para modelar la lógica de que es MySQL Workbench.

Logical Project (Modelo Relacional)

Para hacer la conversión del modelo conceptual al modelo lógico, haremos los siguientes pasos:

1. **Las entidades Mer son convertidas en tablas con los nombres de los atributos y sus tipos:** un formato de tabla en el modelo lógico es como sigue:

En la parte superior, se incluye el nombre de la tabla. En la parte inferior de los nombres de los campos y se insertan sus tipos. En general, convertimos el nombre de tabla y el nombre del campo en un formato amigable para el equipo. Esto significa que:

- Los nombres no tendrán espacios.
- Los nombres comenzarán con las letras.
- Los nombres pueden tener letras y números en su cuerpo. No use caracteres especiales para crear el nombre, excepto la barra inferior (_).

El tipo de un campo se limita a los tipos de datos que se pueden introducir en este campo. Los principales tipos son:

- **INT:** acepta datos de tipo entero (por ejemplo, 1, 2, 834, 2342, -674).
- **DOUBLE:** acepta datos con decimales.
- **MONEY:** acepta datos con formato moneda.
- **CHAR ():** acepta datos de tipo texto (letras y números). Dentro de los paréntesis debe ser colocado el número máximo de caracteres que lleva el campo.
- **VARCHAR () acepta datos de tipo texto (letras y números). Dentro de los paréntesis se debe colocar el número máximo de caracteres que lleva el campo. Cuando establecemos un límite para CHAR, él separará la cantidad de bits de acuerdo a este límite, independientemente de que todos los caracteres se utilicen o no. VARCHAR utiliza sólo la cantidad de bits de acuerdo con los caracteres utilizados. Sin embargo, como VARCHAR usa dos bits de control extra, se recomienda el uso de VARCHAR sólo si no se puede establecer un límite fijo en la cantidad de caracteres que se pueden insertar.**
- **DATE:** acepta datos con formato fecha.
- **TIME:** acepta datos con formato hora.
- **BOOL:** acepta el tipo booleano de datos, es decir, con sólo dos valores posibles.

Si queremos que un campo sea obligatorio (es decir, sea obligatorio introducir datos en este campo), se coloca delante de tipo de campo NN (NN significa NO NULL). De este modo, en nuestro ejemplo clientes y compras asumen la siguiente forma:

Clientes
Nombre VARCHAR(60) NN DNI CHAR(11) NN

Compras
Producto VARCHAR(60) NN Valor_Producto MONEY NN Valor_Compra MONEY NN Codigo_Compra INT NN

2. Para los campos que son los identificadores o claves, ponemos PK (PRIMARY KEY) delante de su tipo: clave principal es el nombre que damos al campo que será único para cada registro. Para facilitar la visualización, coloque los campos que son claves principales en la primera posición de la tabla:

Clientes
DNI CHAR(11) NN Nombre VARCHAR(60) NN

Compras
Codigo_Compra INT NN (PK) Producto VARCHAR(60) NN Valor_Producto MONEY NN Valor_Compra MONEY NN

3. Convertimos las relaciones en las gráficas correspondientes: es decir, en el modelo lógico, al convertir las relaciones debemos establecer como se produce la interacción entre las tablas. Cambiamos el diamante por la línea simple, y convertimos los valores 0 a O, 1 a | y N a ⋘ .

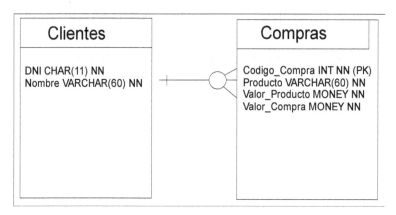

4. Creamos la clave externa (FK): la clave externa o foránea es el nombre dado a un campo de la tabla que se enlaza a la clave principal de otra tabla. Significa que cuando la clave principal de una tabla y la clave externa de la otra tabla son iguales, las tablas pueden ser unidas. Sin las claves foráneas las tablas se aíslan en sí y no tienen conexión. En general, para crear una clave externa, copiamos el nombre y el tipo de la clave primaria y la marcamos como clave externa de otra tabla con FK (clave externa de). (Una clave externa puede tener un nombre diferente de la clave principal de la otra tabla, pero el tipo tiene que ser siempre el mismo). Otros factores que deben ser considerados:

- Cuando se agrega o cambia en la tabla que tiene la clave externa de una fila, el valor de clave externa debe existir en la clave principal de la tabla principal, si no la inclusión no se puede realizar.
- Si cualquier fila de datos se elimina de la tabla principal, el registro en la tabla con la clave externa también debe ser excluido, pero se devuelve el error.

Por lo tanto, sabemos que un cliente no tiene por qué tener una compra, pero una compra siempre tiene que tener un cliente. Por lo tanto, la clave externa debe estar en la tabla de la compra, y debe estar relacionado con la clave del Cliente.

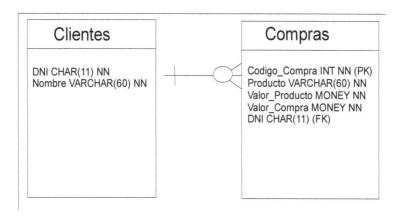

5. Eliminamos campos repetidos (es decir, pueden tener más de un valor), colocándolos en una tabla diferente: Esto significa que cuando hay una relación de valores de N-1 y N en la tabla, puede asumir simultáneamente más de un valor al mismo tiempo, con lo que creamos una tabla separada para estos campos.

En nuestro caso, un cliente para hacer una compra puede elegir muchos productos. Por lo tanto, se recomienda que los valores relacionados con los productos se coloquen en una tabla independiente. Sin embargo, la relación entre la compra y los productos se convierte en una relación NN, que requiere la creación de una entidad asociativa que es el caso de artículos para comprar.

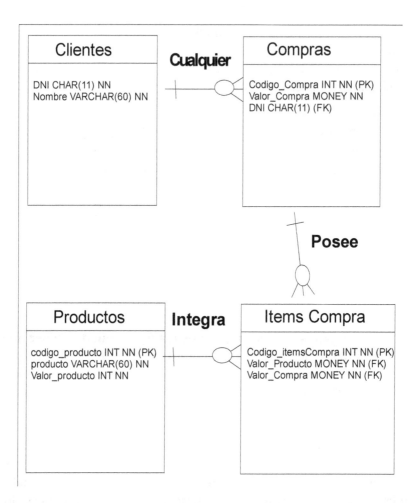

6. No mezcle los sujetos en una tabla: Esto significa que una tabla debe contener sólo lo relacionado con el asunto (título) de los datos de la tabla. En este caso, nos encontramos con que no hay campos innecesarios y ajustamos para que cada campo este organizado donde es conveniente.

7. Todos los elementos de una tabla dependen de la clave: directamente relacionada con el tema anterior, todos los campos de una tabla deben confiar únicamente en la clave principal de la tabla en que se encuentran. Si esto no ocurre, probablemente el campo en cuestión no es relevante para el tema de la tabla.

Introducción a MySQL

MySQL es una base de datos relacional que utiliza el lenguaje SQL (Structured Query Language Lenguaje de Consulta Estructurado-). Se trata de un SBD de código abierto, lanzado en 1995, que más tarde fue adquirido por Sun Microsystems en 2008 (más tarde, en 2009, Oracle compró Sun).

SQL es el nombre de un lenguaje desarrollado para la formulación de búsquedas en bases de datos. Surgió a principios de los años 70, y se basa en el idioma Inglés para nombrar sus comandos, y actualmente está estandarizado por el lenguaje ISO y ANSI. Actualmente, la mayoría de SBD relacional y otros formatos tratan de seguir el estándar SQL para formalizar sus consultas, aunque cada empresa que usa el lenguaje lo adapta a sus necesidades, lo que significa que si está aprendiendo MySQL, usted puede aprender a utilizar Oracle o MS SQL Server, pero no sin una revisión de su formación anterior.

Instalación y uso de MySQL

Estos son los pasos para la instalación de MySQL:

1. Acceda a la dirección http://www.mysql.com/downloads/ y haga clic en el **Centro de la Comunidad MySQL**.
2. Elija la versión adecuada de acuerdo a su sistema operativo.
3. En la siguiente página, haga clic en **No thanks, just take me to the downloads**!
4. Elija el *mirror* conveniente haciendo clic en http del *mirror* apropiado y realice la descarga.
5. Haga la instalación por defecto. Al final del proceso se le pedirá que configure MySQL.
6. Siga la configuración predeterminada, y cambie la configuración de la contraseña de root a una que sea conveniente.
7. Finalice la instalación.

Acceso a MySQL en Windows

Hay varias interfaces gráficas y software útil para usar MySQL (como por ejemplo, la PHPMyAdmin). De forma predeterminada, el acceso a MySQL se realiza a través del MySQL Command Line Client, que se puede ejecutar desde Inicio -> Programas -> MySQL-> Comando MySQL Line Client. Al ejecutarlo le pedirá la contraseña de instalación indicada. Después de entrar en el sistema, los comandos SQL se pueden ejecutar.

Instalación

Algunas instalaciones de servidor Apache tienen una versión de MySQL que se puede instalar en conjunto con el servidor (para minimizar la molestia de la configuración de servidores de páginas web). En estos casos, en general, la manipulación de MySQL a través de otra interfaz distinta de PHPMyAdmin, y la instalación y el uso de MySQL son extremadamente fáciles. Ejemplos de paquetes que integran estas soluciones son:

- EasyPHP
- WAMP Servidor
- XAMPP

Data Definition Language en MySQL

DDL (Data Definition Language) es el nombre dado a los comandos SQL que se utilizan para crear y modificar tablas. A diferencia de DML, los comandos DDL de la función no manipulan los datos en sí, sino la estructura de las tablas en las que se almacenan los datos.

Para ayudar a nuestros estudios, utilizamos dos símbolos (no pertenecen a SQL), que facilitarán la comprensión:

- # Significa que se debe introducir ENTER
- [] Significa que lo que está entre los corchetes es opcional.

Creación de la tabla

La creación de una tabla debe hacer obedecer las normas establecidas en el modelo lógico. Todas las tablas y relaciones se deben crear utilizando el comando CREATE TABLE. La sintaxis básica para la creación de una tabla es la siguiente:

```
CREATE TABLE tbl_name
(
tipo_1 nombre_campo_1,
tipo_2 nombre_campo_2,
[...]
nombre_campo_n tipo_n,
PRIMARY KEY (campo_x, ...),
[CHECK (...)],
[FOREIGN KEY (...)]);
```

Vamos a entender esta sintaxis:

El comando inicial CREATE TABLE es seguido por el nombre de la tabla y el paréntesis según lo establecido por el desarrollador. El nombre de tabla debe comenzar con letras y no puede incluir caracteres especiales excepto _ (guión bajo).

En el marco de CREATE TABLE, primero declaramos los

campos que componen la tabla. Cada campo debe tener un nombre (que debe ser iniciado con letra y no puede contener caracteres especiales excepto _ (guión bajo)), seguido por el tipo de campo. El tipo de un campo limita los tipos de datos que se pueden introducir en este campo. Los principales tipos son:

- INT: asume valores numéricos enteros.
- REAL: el campo tiene valores con decimales.
- MONEY: el campo toma el valor como moneda.
- CHAR (): el campo puede tener letras y números. El valor entre paréntesis es el número máximo de caracteres que admite.
- VARCHAR (): el campo puede tener letras y números. El valor entre paréntesis es el número máximo de caracteres que admite.
- DATE: el campo puede tener los valores de los datos con formato fecha (mediante, AAAA-MM-DD predeterminada).
- TIME: el campo puede tener valores con formato de tiempo (por defecto, HH: MM: SS).
- BOOL: el campo puede tomar dos valores.

Si el desarrollador desea que un campo sea obligatorio (es decir, su cumplimentación sea obligatoria) debe insertar en la parte delantera del tipo NOT NULL. Si no se requiere el campo, no hay necesidad.

Si el desarrollador desea que un campo sea incremental (es decir, que añada 1 para cada nuevo dato insertado), inserte AUTO_INCREMENT frente al tipo de campo.

El comando

*PRIMARY **KEY (nombre campo1 [, campo2 nombre,] ...);***
establece la clave principal de la tabla. El nombre que se encuentra dentro de los paréntesis es el campo que se va a utilizar como clave primaria.

El comando

*CHECK **Nombre_Campo IN (valor1 [, valor2, ...]);***
es opcional y requiere que un campo tenga sólo los valores que se indican. Después de CHECK debe colocarse el nombre del campo y

luego debe establecerse los valores que se aceptarán por el campo.

El comando

*FOREIGN **KEY (Campo1, Campo2, Campo3 ..) REFERENCES Nombre_Tabla2 (Nombre_Clave);***

es opcional y especifica la clave externa que sirve como enlace a otra tabla. Después de la orden FOREIGN KEY se debe colocar el campo de tabla que se conectará a otra tabla. Después de REFERENCES se pone el nombre de la tabla que debe ser el vínculo y a continuación Nombre_Clave, es el nombre de la clave principal de la tabla a la que se hace referencia.

A continuación, vamos a crear las tablas de nuestro modelo lógico anterior. Las tablas deben ser creadas en función del orden entre las tablas, es decir, primero deben ser creadas las tablas que no tienen claves externas y luego las tablas que dependan de las primeras tablas creadas.

```
CREATE TABLE Clientes
(
DNI CHAR (11) NOT NULL,
Nombre VARCHAR (60) NOT NULL,
PRIMARY KEY (DNI));

CREATE TABLE Productos
(
CodigoProducto INT NOT NULL,
Producto VARCHAR (60) NOT NULL,
Valor_Produto MONEY NO NULL,
PRIMARY KEY (CodigoProducto));

CREATE TABLE Compra
(
Codigo_de_Compra INT NOT NULL,
Valor_Compra MONEY NO NULL,
DNI CHAR (11) NOT NULL,
PRIMARY KEY (Codigo_de_Compra)
FOREIGN KEY (DNI) REFERENCES Clientes (DNI_Clientes));

CREATE TABLE ItemsCompra
(
Codigo_ItemsCompra INT NOT NULL,
CodigoProducto INT NOT NULL,
```

Codigo_de_Compra INT NOT NULL,
PRIMARY KEY (Codigo_ItemsCompra)
FOREIGN KEY (CodigoProducto) REFERENCES Productos
(CodigoProducto_Productos)
FOREING KEY (Codigo_de_Compra) REFERENCES Compra
(Codigo_de_Compra_Compra)); #

Cambiar una tabla

Si una tabla se ha creado, se puede variar de acuerdo a la estructura de su conveniencia:

ALTER TABLE tbl_nombre
[Operación nombre_campo Nueva_regla]; #

Después de ALTER TABLE ponga el nombre de la tabla a cambiar, a continuación se debe introducir y seleccionar la operación a realizar sobre la tabla. La operación debe ser:

- ADD: Añade un campo nuevo.
- MODIFY: Cambia la estructura de un campo existente, es decir, el tipo o el tamaño.
- DROP: Elimina un campo existente.

El campo de ADD se puede utilizar para insertar un nuevo campo (en el campo de tipo de formato), una clave principal, una clave externa o un campo de comprobación, obedeciendo su sintaxis como se ha indicado previamente. El campo MODIFY puede ser utilizado para modificar un campo existente.

Por ejemplo, supongamos que queremos incluir un campo denominado edad en la tabla Clientes que creó anteriormente.

ALTER TABLE Clientes
ADD INT Edad; #

Supongamos que queremos cambiar el tipo del campo DNI de la tabla Clientes a INT en lugar de CHAR (11).

ALTER **TABLE Clientes**
MODIFY DNI INT; #

Si un campo se va a insertar antes o después un campo particular de nuestra tabla, utilice la siguiente sintaxis:

ALTER **TABLE tbl_nombre**
ADD **Nombre_campo Nueva_regla [FIRST o AFTER] Campo_Determinado; #**

Si, por ejemplo, queremos poner un campo llamado Edad en la primera posición, podemos usar el comando:

ALTER **TABLE Clientes**
ADD **Edad INT FIRST DNI; #**

También podríamos hacer una orden para poner el campo Edad después del campo DNI. Debería escribirse como:

ALTER **TABLE Clientes**
ADD **Edad INT AFTER DNI; #**

Eliminar una tabla

Podemos eliminar cualquier tabla dentro de una base de datos. La sintaxis de esta operación es:

DROP **TABLE tbl_nombre; #**

Sin embargo, tenemos que comprobar la eliminación de una tabla si esta tiene relaciones con otras tablas, ya que en ese caso el SBD devuelve un error. En caso de ser realmente necesario eliminar una tabla, debe realizar los cambios necesarios en todas las tablas relacionadas. También se debe comprobar si la tabla que desea eliminar tiene datos registrados.

En nuestro ejemplo, sólo se pudieron eliminar las tablas de clientes y productos, antes de que se excluyeran las tablas que dependen de estas tablas. Por lo tanto, hay un orden adecuado para eliminar las tablas.

Manipulación de datos en MySQL

Los comandos DML (Lenguaje de Manipulación de Datos o Data Manipulation Language) es el conjunto de comandos que manipulan los datos de una base de datos. Así, estos comandos no manipulan la estructura de una base, sino los datos que se almacenan en estas estructuras. Aquí mantenemos las convenciones de código que no pertenecen a SQL:

- # Significa que debe hacerse click en el botón ENTER.
- [] Significa que lo que está entre los corchetes es opcional.

Entrada de datos

Este comando permite introducir datos en una base de datos, y su sintaxis es:

INSERT **INTO nombre_tabla [(Campo1, Campo2, Campo3, ...)]**
VALUES **(Valor1, valor2, Valor3, ...); #**

Después de INSERT INTO hay que poner el nombre de la tabla en donde desea hacer la inserción. Después del nombre de la tabla, ponga el nombre de los campos en los que se insertan los datos. No hay necesidad de poner el nombre del campo en el que se produce la inserción si todos están en el orden en que se estructura la tabla. Después del comando VALUES se ponen los valores que desee insertar en la tabla separados por comas, los datos de tipo numérico se pueden colocar directamente y los de texto se deben introducir entre comillas simples.

En la estructura que hemos creado en el apartado anterior, podemos insertar los valores que queremos. Por ejemplo, registramos dos clientes en la tabla Clientes:

INSERT **INTO clientes VALUES ('11111111111 ','Juan '); #**
INSERT **INTO clientes VALUES ('22222222222 ','Maria '); #**

Ahora vamos a insertar dos productos de la tabla Productos:

INSERT **INTO Productos VALUES (1, 'Lápiz', doce y cincuenta), #**
INSERT **INTO Productos VALUES (2, 'Lápiz', doce y veinticinco); #**

Ahora podemos insertar el valor en la tabla de la compra. Es importante tener en cuenta que en el campo DNI se debe insertar un valor que ya existe en la tabla de cliente. Así si lo que necesitamos saber es quién está comprando, sólo necesitamos ver la clave principal de la tabla Clientes.

INSERT **INTO Compra VALUES (1, 100.00, '11111111111 '); #**
INSERT **INTO Compra VALUES (2, 25.00, '11111111111 '); #**

Por último, se introducen datos en la tabla ItemsCompra. Como se trata de una tabla asociativa, deben existir los campos Codigo-Producto y Codigo_de_Compra en las tablas a las que usted se refiere. En la visualización de los datos introducidos a continuación, vemos que son parte de la misma compra:

INSERT **INTO ItemsCompra VALUES (1, 1, 1); #**
INSERT **INTO ItemsCompra VALUES (2, 2, 1); #**

Si desea introducir varios valores en una sola tabla, no hay que repetir la instrucción INSERT INTO. Puede hacerlo de la forma que sigue:

INSERT **INTO Clientes VALUES ('33333333333 ',' Peter '), ('44444444444', 'Mateo'); #**

Modificación de Datos

Este comando permite cambiar los datos existentes en una base de datos.

Su sintaxis es:

*UPDATE **Tbl_nombre***
*SET **columna_que_se_actualizará = valor_actualizado***
*[WHERE **condición]; #***

Este comando se puede utilizar sin el WHERE. En ese caso, se modifican todos los datos en la tabla. Sin embargo, si queremos que sólo los datos que cumplan una determinada condición cambien tenemos que utilizar la cláusula WHERE, con las condiciones que se deben considerar. Es importante destacar que, dos o más condiciones se pueden combinar usando las cláusulas AND y OR.

Por ejemplo, supongamos que queremos cambiar todos los nombres de la tabla Clientes para que sean Mario. El comando es:

*UPDATE **Clientes***
*SET **Nombre= 'Mario'; #***

Pero si queremos cambiar a "Mario" sólo los clientes con el nombre de Pedro, el comando es:

*UPDATE **Clientes***
*SET **Nombre= 'Mario'***
*WHERE **Nombre= 'Pedro', #***

El resto de los clientes no tendrán que cambiar sus nombres.

Eliminación de datos

En SQL, para eliminar los datos de una tabla dada, utilice la siguiente sintaxis:

*DELETE FROM **Tbl_nombre***
*[WHERE **condicion]; #***

Este comando, como el anterior puede utilizarse sin el WHERE. En ese caso, se eliminarán todas las filas de la tabla especificada. Podemos usar WHERE cuando queremos eliminar sólo los registros que cumplan una determinada condición.

Si usamos el commando

DELETE **FROM Productos; #**

todos los datos se borrarán de la tabla Productos. Pero si sólo queremos eliminar los productos que tienen un valor igual a 0,50, la sintaxis sería:

DELETE **FROM Productos**
WHERE **Valor_Produto = 0,50; #**

Más sobre condiciones

Hemos visto por encima que el comando WHERE es un comando que permite establecer las condiciones para que un procesamiento en particular pueda ser ejecutado. Así como en los lenguajes de programación, cuando la condición se cumple se realiza la operación. Los principales operadores son:

= : Igual
<> : Distinto
> : Mayor que
< : Menor de
> = : Mayor o igual a
<= : Menor o igual a
AND : y
OR : o
NOT : no

Vamos a utilizar el mismo comando, por ejemplo, en

DELETE **FROM Productos**
WHERE **Valor_Produto = 0,50; #**

Podemos, en lugar de = utilizar otro operador, como por ejemplo,

DELETE **FROM Productos**
WHERE **Valor_Produto < 0,50; #**

En este caso, solo serían eliminarían los productos cuyos valores sean menores a 0,50.

En el caso de los tres últimos operadores, se utilizan generalmente para unir condiciones y obedecen a la lógica de proposiciones. Por ejemplo, si utilizamos el comando:

DELETE **FROM Productos**
WHERE **Valor_Produto <0,50**
OR **Valor_Produto> 10; #**

Significa que sólo se eliminarán los productos cuyo valor sea inferior a 0,50 O mayor que 10. Es decir, se eliminará cualquier producto que cumpla una de estas condiciones.

Sentencia SELECT en MySQL

En una base de datos, seleccionar datos significa hacer una petición enviando el comando que devolverá la información solicitada, si hubiere datos para ello. Para realizar consultas se utiliza el comando SELECT que es parte de los comandos DML, pero por sus características particulares, se analizará por separado.

La sintaxis básica para llevar a cabo la consulta es:

SELECT **Nombre_ campo**
FROM **Tbl_nombre**
[WHERE **condición]; #**

- Después de SELECT se introducen los campos que desea conocer de la tabla, separados por comas. Si lo que quiere es ver todos los campos de la tabla, se utiliza *.
- Después de FROM, inserte el nombre de la tabla de la que recuperaremos los datos que veremos.
- En WHERE, establecemos las condiciones para filtrar los registros que deben devolverse. Podemos combinar dos o más condiciones con AND y OR, como vimos en la lección anterior.

Tomemos la tabla Clientes creada anteriormente:

DNI	Nombre
11111111111	Juan
22222222222	María
33333333333	Pedro
44444444444	Mateo

Si queremos ver todos los datos utilizamos *:

SELECT *****

FROM **Clientes; #**

Si queremos ver sólo el nombre de todos los clientes, utilizamos:

SELECT **Nombre**
FROM **Clientes; #**

Si queremos ver sólo el nombre de cliente que tiene el DNI 44444444444, utilizamos:

SELECT **Nombre**
FROM **Clientes**
WHERE **DNI = '44444444444 '; #**

Ordenación

Podemos ordenar los resultados de una consulta por uno o varios campos de una tabla. El comando que usamos para ello es ORDER BY, y lo podemos usar en modo ascendente (ASC) o descendente (DESC), y se inserta en el código como se muestra a continuación:

SELECT **Nombre_ campo**
FROM **Tbl_nonmbre**
[WHERE **condición]**
[ORDER BY **col_nombre [ASC o DESC]]; #**

Imaginemos que queremos ver todos los datos de nuestros clientes, pero en orden alfabético por el campo Nombre. En este caso, utilice:

SELECT ***
FROM **Clientes**
ORDER BY **Nombre ASC; #**

Agrupamiento

Podemos agrupar los datos mediante el uso de la cláusula GROUP BY. Este comando permite unificar en una sola fila todas las filas seleccionadas que tienen los mismos valores. Su sintaxis es:

SELECT **Nombre_ campo**
FROM **Tbl_nombre**
[WHERE **condición]**
[GROUP BY **Funciones Agregación] #;**

Las funciones de agregado permiten el procesamiento y devuelven un resultado de varias filas de un campo en una tabla. Para ejemplificar el uso de las funciones de agregado, utilizaremos la tabla Productos con datos adicionales:

CodigoProducto	Producto	Valor_del_Producto
1	Pluma	12,50
2	Lápiz	12,25
3	Caucho	1
4	Cuaderno	0,5

SUM

La función SUM permite la suma de un campo numérico. Su sintaxis es:

SELECT **SUM (col_nombre)**
FROM **Tbl_name; #**

En nuestro ejemplo, si queremos sumar, por ejemplo, todos los valores de los productos, utilizaremos:

SELECT **SUM (Valor_del_Producto)**
FROM **Productos; #**

El resultado de la suma es 26,25 (que es la suma del campo Valor_del_Producto). Con un SELECT ordinario, WHERE puede establecer las condiciones tanto para el SUM como para cualquier otra función de agregado.

Por ejemplo:

SELECT **SUM (Valor_del_Producto)**
FROM **Productos**
WHERE **Valor_del_Producto <2, #**
En este caso se hace la suma de todos los productos con valor
inferior a 2,00. El resultado de la consulta devolverá es de 1,50.

AVG

La función AVG devuelve el valor promedio entre el conjunto de
valores de un campo numérico. Su sintaxis es:

SELECT **AVG (col_nombre)**
FROM **Tbl_nombre; #**

En nuestro ejemplo, si ejecutamos el comando
SELECT **AVG (Valor_del_Producto)**
FROM **Productos; #**

el resultado devuelto es 6,5625, que es el valor medio del ámbito
en cuestión (26,25 / 4).

COUNT

La función COUNT cuenta la cantidad de datos en un campo
determinado. Su sintaxis es:

SELECT **COUNT (col_nombre)**
FROM **Tbl_nombre; #**
SELECT **COUNT (Valor_del_Producto)**
FROM **Productos; #**

el resultado devuelto será de 4, es decir, hay 4 filas con valores de
campo Valor_del_Producto.

MAX

La función MAX devuelve el valor más grande que se encuentra entre los datos de un campo dado. Su sintaxis es:

SELECT **MAX (col_nombre)**
FROM **Tbl_nombre; #**

En nuestro ejemplo, si ejecutamos el comando:

SELECT **MAX (Valor_del_Producto)**
FROM **Productos; #**

El valor devuelto es 12,50, que es el valor más alto disponible en el campo Valor_del_Producto.

MIN

La función MIN devuelve el valor más pequeño encontrado entre los datos de un campo dado. Su sintaxis es:

SELECT **MIN (col_nombre)**
FROM **Tbl_nombre; #**

En nuestro ejemplo, si ejecutamos el comando:

SELECT **MIN (Valor_del_Producto)**
FROM **Productos; #**

El valor devuelto es 0,5, que es el valor más bajo posible en el campo Valor_del_Producto.

DISTINCT

La función DISTINCT no permite que los valores repetidos en la misma columna se devuelvan. Su sintaxis es:

SELECT **DISTINCT (col_nombre)**

FROM **Tbl_nombre; #**

En nuestro ejemplo, imagina que hubo, además de 4 filas, una fila más con el Valor_del_Producto de 12,50. Cuando ejecutamos el comando:

SELECT **DISTINCT (Valor_del_Producto)**
FROM **Productos; #**

se devuelven todos los valores existentes en Valor_del_Producto, pero en el caso de productos con Valor_del_Producto igual a 12,50, se muestra sólo una vez este valor, no dos.

HAVING

Como aprendimos anteriormente utilizamos la cláusula WHERE cuando queremos establecer una condición para el retorno de una sentencia SELECT. Sin embargo, la cláusula WHERE no puede establecer las condiciones para la agregación ya realizada (es decir, condiciones con agregados). En este caso, se utiliza la cláusula HAVING que selecciona filas del grupo después de que grupos y agregados estén hechos (es decir, los que tienen funciones agregadas propias). La sintaxis es:

SELECT **Operación (col_nombre)**
FROM **Tbl_nombre**
[WHERE **Condición]**
[HAVING **Condición para la Agregación]; #**

Un ejemplo de consulta sería:

SELECT **MAX (Valor_del_Producto)**
FROM **Producto**
HAVING **MAX (Valor_del_Producto) <2,00, #**

Uniones en MySQL

En una base de datos podemos crear consultas que traen datos de dos o más tablas a la vez. Los criterios establecidos para la agrupación entre las tablas se llaman unión (*join*).

Unión Producto Cartesiano

Una unión producto cartesiano es la combinación entre dos (o más tablas) que crea una tabla virtual que une los datos de la primera tabla con la clave externa en la segunda tabla. Así que para hacer este tipo de consulta:

- En SELECT, en lugar de usar los nombres de los campos como hemos utilizado hasta ahora, vamos a utilizar *el nombre de la tabla que está en el campo. Nombre del campo.*
- En FROM, vamos a utilizar los nombres de las tablas de las que queremos ver los campos, separados por comas.
- En WHERE las primeras condiciones deben establecer las dependencias entre las tablas que queremos unir. Así esta unión especifica las claves externas que vinculan las tablas.
- Si escribir el nombre de la tabla es laborioso, se puede utilizar un alias para sustituir el nombre de la tabla con un nombre que sea conveniente.

Para nuestro ejemplo, vamos a considerar dos tablas relacionadas llamadas Paciente y Enfermedades.

Pacientes:

Codigo_Paciente (PK)	Nombre	Edad	Cod_Dolencia (FK)
1	Bruno	23	2
2	José	55	1
3	María	75	1

Enfermedades:

Cod_Dolencia (PK)	Nombre
1	Gripe
2	Neumonía
3	Anemia
4	Bulimia

Queremos ver el nombre del paciente y el nombre de la enfermedad que tiene. Para eso debemos tener un campo de la primera tabla y relacionarlo con un campo en la segunda tabla.

SELECT Pacientes.Nombre, Enfermedades
WHERE Pacientes.Cod_Dole.Nombre
FROM Pacientes, Enfermedades ncia = Enfermedades.Cod_Dolencia; #

El resultado obtenido por la consulta es:

Nombre	Nombre
Bruno	Neumonía
José	Gripe
María	Gripe

Cómo llamar a las tablas Pacientes y Enfermedades cada vez que surge la necesidad es agotador, asociaremos a la tabla Pacientes el nombre de PAC y a la tabla Enfermedades el nombre de DOL.

SELECT PAC.Nombre, DOL.Nombre
FROM Pacientes PAC, Enfermedades DOL
WHERE PAC.Cod_Dolencia = DOE.Cod_Dolencia; #

Podemos añadir más condiciones que sean necesarias para nosotros. Por ejemplo:

SELECT PAC.Nombre, DOL.Nombre
FROM Pacientes PAC, Enfermedades DOL
WHERE PAC.Cod_Dolencia = DOE.Cod_Dolencia
AND PAC.Edad <30; #

Esto hará que los resultados sólo sean los nombres de los pacientes y los nombres de las enfermedades, de los pacientes cuya edad sea inferior a 30.

Inner Join (combinación interna)

Una unión interna se caracteriza porque devuelve sólo los datos que cumplen las condiciones de unión, es decir, que las filas de una tabla se refieren a las filas de las otras tablas. Para ello utilizan la cláusula ON, que es similar a la cláusula WHERE. Por lo tanto, la sintaxis es:

SELECT Nombres de los campos
FROM tabla1 INNER JOIN tabla2 ON tabla1.campo =
tabla2.campo
[WHERE condición]; #

Es necesario tener un poco de cuidado al combinar columnas con valores nulos (NULL) ya que el valor nulo no se combina con otro valor, u otro valor nulo, excepto cuando se agregan los predicados IS NULL o IS NOT NULL.

Usando nuestro ejemplo anterior, podemos ver el nombre de los Pacientes y sus respectivas Enfermedades:

SELECT Pacientes.Nombre, Enfermedades.Nombree
FROM Pacientes INNER JOIN Enfermedades ON
Pacientes.Cod_Dolencia = Enfermedades.Cod_Dolencia; #
El resultado obtenido por la consulta es:

Nombre	Nombre
Bruno	Neumonía
José	Gripe
María	Gripe

Combinación externa (Outer join)

Una combinación externa es una selección que no requiere que los registros de una tabla tengan registros equivalentes en otra. El

45

registro se guarda en una pseudo-tabla si no existe ningún registro que coincida. Este tipo de unión se subdivide en función de la tabla que admite los registros que no tienen coincidencia: la tabla de la izquierda, la de la derecha o ambas.

Left Outer Join

El resultado de esta selección siempre contiene todos los registros de la tabla izquierda (es decir, la primera tabla que se menciona en la consulta), incluso cuando no hay registros coincidentes en la tabla de la derecha. Por lo tanto, esta selección devuelve todos los valores de la tabla de la izquierda con los valores de la tabla de la derecha correspondiente; cuando no hay ninguna coincidencia devuelve un valor NULL.

SELECT Nombres de los campos
FROM tabla1 LEFT OUTER JOIN tabla2 ON tabla1.campo = tabla2.campo
[WHERE condiciones]; #

Por ejemplo, queremos ver todas las enfermedades de la tabla Enfermedades, con el nombre de los pacientes relacionados. Vemos que no todos los pacientes tienen enfermedades relacionadas. En estos casos, en lugar de llevar el valor requerido, el sistema devolverá NULL. Entonces:

SELECT Enfermedades.Nombre, Pacientes.Nombre
FROM Enfermedades LEFT OUTER JOIN Pacientes ON Enfermedades.Cod_Dolencia = Pacientes.Cod_Dolencia; #

Por lo tanto, el resultado es:

Nombre	Nombre
Gripe	Bruno
Gripe	José
Neumonía	María
Anemia	NULL
Bulimia	NULL

Right Outer Join

Esta operación es inversa a la anterior y siempre devuelve todos los registros de la tabla de la derecha (la segunda tabla mencionada en la consulta), incluso si no existe ningún registro coincidente en la tabla a la izquierda. En estos casos, el valor NULL se devuelve cuando no hay correspondencia.

SELECT Nombres de los campos
FROM tabla1 RIGHT OUTER JOIN tabla2 ON tabla1.campo = tabla2.campo
[WHERE condiciones]; #

Para nuestro ejemplo, vamos a usar la consulta anterior:
SELECT Pacientes.Nombre, Enfermedades.Nombre
FROM Pacientes RIGHT OUTER JOIN Enfermedades ON
Enfermedades.Cod_Dolencia = Pacientes.Cod_Dolencia; #

Nombre	Nombre
Bruno	Gripe
José	Gripe
María	Neumonía
NULL	Anemia
NULL	Bulimia

Full Outer Join

Esta operación muestra todos los datos de las tablas a la izquierda y a la derecha, incluso si carecen de correspondencia en otra tabla. Así, la tabla combinada posee todos los registros de ambas tablas y presenta null para los registros sin valores correspondientes:

SELECT Nombres de los campos
FROM tabla1 FULL OUTER JOIN tabla2 ON tabla1.campo = tabla2.campo
[WHERE condición]; #

Tópicos en MySQL

A continuación se proporcionan algunos conceptos y comandos importantes para que progrese en su aprendizaje en las bases de datos.

Las subconsultas

Una subconsulta es una consulta SQL anidada dentro de una consulta principal. En general, se utiliza la subconsulta cuando necesitamos información que no puede ser fácilmente obtenida con un WHERE (generalmente dos consultas que se deben ejecutar de forma simultánea en la misma tabla). Por lo tanto, la sub-consulta se establece entre paréntesis y se compara con la consulta principal utilizando los comandos = (igual), <> (distinto), IN o NOT IN, estos dos últimos se utilizan cuando la sub-consulta devuelve más de un resultado.

Considere una tabla llamada Clientes con el código de cliente, nombre, edad, DNI, estado. Queremos ver el DNI de la persona con la mayor de edad en el sistema usando una subconsulta.

```
SELECT *
FROM Clientes
WHERE CodCliente = (SELECT Cod_Cliente FROM Clientes HAVING MAX (Edad) ;);
```

Operaciones básicas

MySQL puede hacer aritmética básica en cualquier campo que sea numérico. Pueden ser utilizados tanto en el cuerpo de comandos como en WHERE.

Comentarios

MySQL soporta comentarios con el símbolo -. Este símbolo sólo es válido, sin embargo, hasta el final de la línea, lo que requiere al desarrollador ponerlo línea por línea si hace un comentario en varias líneas. Ejemplo:

SELECT * - Seleccionamos a todos los usuarios
FROM Clientes – desde la tabla Clientes
WHERE CodCliente = (SELECT Cod_Cliente FROM Clientes HAVING MAX (Edad) ;);

In y Not In

In y Not In permite en una condición seleccionar una opción entre varias opciones (IN) o no seleccionar ninguna de las opciones (NOT IN). Por ejemplo, imagine que tiene una tabla de atención al cliente con el código de cliente, nombre, edad, DNI y estado y quiere ver los nombres de todos los clientes de los estados SP, MG y ES. La consulta tendría la siguiente forma:

SELECT Nombre
FROM Clientes
WHERE ESTADO IN ('SP', 'MG', 'ES');

Si queremos crear una consulta para ver todos los clientes de esta tabla, menos los clientes de los estados RJ y LD, por ejemplo, utilizaremos:

SELECT Nombre
FROM Clientes
WHERE ESTADO IN ('E', 'RS');

Like y Not Like

Son comandos utilizados para comparar cadenas (en igualdad de condiciones). En el contenido se puede utilizar % como elemento comodín para expresar cero o más caracteres antes o después de la expiración de la comparación.

Considere una tabla llamada Clientes con el código de cliente, nombre, edad, DNI, estado. Queremos ver los usuarios cuyo nombre es igual a Luana.

SELECT Nombre
FROM Clientes
WHERE Nombre LIKE ('Luana');

Ahora queremos ver los clientes cuyo primer nombre es Luana, independientemente del resto del nombre.

SELECT Nombre
FROM Clientes
WHERE Nombre LIKE ('Luana%');

Ahora queremos ver los clientes cuyo primer nombre puede ser cualquiera, pero el apellido es Luana.

SELECT Nombre
FROM Clientes
WHERE Nombre LIKE ('%Luana');

Ahora veremos los clientes en los que el primer nombre y el apellido pueden ser cualquiera, pero debe estar incluido Luana.

SELECT Nombre
FROM Clientes
WHERE Nombre LIKE ('%Luana%');

Between

Permite establecer un intervalo entre dos valores. Así, la instrucción se aplica a todos los elementos que se establecen entre los dos valores.

Considere una tabla denominada Consultas, con Fecha_Consulta, Hora y Nombre Paciente. Queremos ver todos los pacientes que tienen consultas entre el 01-01-2011 y 10-01-2011.

> *SELECT Nombre_Paciente*
> *FROM Consultas*
> *WHERE Fecha_Consulta BETWEEN '2011-01-01' AND '2011-01-10';*

Considere una tabla llamada Clientes con el código de cliente, nombre, edad, DNI, estado. Queremos ver los usuarios cuya edad está entre 18 y 30 años.

> *SELECT Nombre*
> *FROM Clientes*
> *WHERE edad BETWEEN 18 y 30;*

Now()

Contiene la fecha y la hora actual del sistema.

Considere una tabla llamada Consultas con Fecha_Consulta, Hora y Nombre Paciente. Queremos ver todos los pacientes que tienen consulta de aquí a 01/01/2011.

> *SELECT Nombre_Paciente*
> *FROM Consultas*
> *WHERE Fecha_Consulta BETWEEN '2011-01-01' AND now();*

Formato de Fechas

En MySQL podemos cambiar el formato de fecha predeterminado en un formato de fecha adecuado para trabajar en nuestra aplicación. La sintaxis del formato es

DATE_FORMAT (fecha, formato).

A continuación se muestran los identificadores de formato que se pueden usar:

- % M: nombre del mes (enero... diciembre).
- **%**m: número del mes
- % W: nombre del día de la semana (domingo… sábado)
- % Y: año de 4 dígitos
- % Y: 2 años dígitos
- % D: día del mes número (00 ... 31)
- % E: día del mes número (0 ... 31)
- % H: Formato de hora (00 ... 23)
- % H: Formato de hora (01 ... 12)
- % I: Formato de minutos (00 ... 59)
- % S: Formato de segundo (00 ... 59)

Considere una tabla llamada Consultas, con Fecha_Consulta, Hora y Nombre Paciente. Queremos ver todos los pacientes que tienen las consultas entre 01/01/2011 y ahora, pero con el formato estándar de nuestro país:

```
SELECT Nombre_Paciente,
DATE_FORMAT(Fecha_Consulta,'%e %m %Y')
    FROM Consultas
    WHERE Fecha_Consulta BETWEEN '2011-01-01' AND now();
```

Tratamiento de Strings

MySQL tiene varios comandos para manejar cadenas. Los principales son:

- **UCASE:** cambia el texto a letras en mayúsculas.

```
SELECT UCASE (Nombre_Paciente)
FROM Consultas
Data_Consulta DONDE ENTRE '2011-01-01 'Y ahora ();
```

- **LCASE:** cambia el texto a letras en minúscula.

```
SELECT LCASE (Nombre_Paciente)
FROM Consultas
WHERE Fecha_Consulta BETWEEN '2011-01-01' AND now();
```

- **REPLACE:** devuelve una cadena con todos los valores especificados reemplazados.

SELECT REPLACE ('Bases de datos II', 'I', '2 ');
Esta función se puede recombinar con un UPDATE.

Vistas en Bases de datos

Una vista (view) es una consulta almacenada en una base de datos. Se utiliza para que no necesitemos volver a realizar una consulta cada vez que necesitemos el resultado, creándose una tabla virtual que almacena esta información.

Creación de una vista

La sintaxis para crear una vista es la siguiente:

CREATE VIEW Nombre_de_View AS consulta almacenada;

En la consulta almacenada pueden ser incluidas las consultas estándar y las consultas con uniones o funciones. Para invocar una vista lo habitual es utilizar Select.

Por ejemplo, vamos a considerar que tenemos una tabla denominada Clientes con el código de cliente, nombre del cliente, DNI y edad, y queremos crear una consulta que siempre nos muestre el nombre y la edad del cliente.

CREATE VIEW EdadCliente AS SELECT Nombre, Edad FROM Clientes;

Al hacer clic en ENTER, la VISTA se almacenará en el SBD. Para llamar a la vista cuando sea necesario, debemos hacer:

SELECT * FROM EdadCliente;

Actualización de una vista

En general, los valores de una vista se manejan a través de los cambios en sus tablas origen. Cuando se refiere directamente a una vista que se compone de SELECTS simples (es decir, sin agregación) puede recibir UPDATE y DELETE. Una vista con funciones de agregado no puede recibir actualizaciones.

Eliminación de una vista

Para eliminar una vista, sólo tiene que utilizar el comando:
DROP VIEW nombre de la vista;

Procedimientos y funciones en MySQL

Un procedimiento en MySQL designa un conjunto de instrucciones con un nombre, que hace un procesamiento pero no devuelve ningún resultado. Una función es un conjunto de instrucciones que devuelven un resultado. Se recomienda un procedimiento cuando una transformación cerrada debe ser realizada y se recomienda una función cuando una consulta requiere un procesamiento previo. Los procedimientos y funciones pueden contener código SQL común, pero también pueden contar con comandos de control, propios de los lenguajes de programación.

De forma predeterminada, SQL no es un lenguaje de programación normal y ha extendido su poder a través de la utilización de lenguajes de programación específicos. Por ejemplo, PL-SQL para Oracle y Sybase Transact-SQL para SQL Server y. MySQL usa SQL: 2003 para la sintaxis (el mismo utilizado por DB2 de IBM). MySQL en este sentido es mucho más limitado que su compañero de Oracle y SQL Server, pero tiene características que permiten el desarrollo de procesamientos como en lenguajes de programación similares.

En general, creamos estructuras y procedimientos compilados y luego los llamamos, pasando los parámetros de ejecución de código necesario. Los procedimientos y funciones utilizan las estructuras de control estándar de los lenguajes de programación, los cuales deben ser estudiados para su uso correcto. Se utilizan como las operaciones básicas realizadas en una BD y son los mismos independientemente de los lenguajes de programación que tienen acceso, lo que aumenta el rendimiento y la seguridad de la BD.

Creación de un procedimiento o función

CREATE PROCEDURE Nombre Procedimiento (Parámetros)
BEGIN
- Rutinas
END;

CREATE FUNCTION Nombre (Parámetros tipo) RETURNS Tipo
de retorno
BEGIN
- Rutinas
RETURN Valores de retorno;
END;

El parámetro es el nombre dado a los valores que transmitimos al procedimiento o a la función para ejecutar y llevar a cabo una acción.

CALL Nombre Procedimiento o función (parámetros);

Como ejemplo de la utilización del procedimiento básico, vamos a hacer un código que muestra al usuario Hello World:

CREATE PROCEDURE HelloWorld ()
BEGIN
SELECT 'Hello World';
END;

Al hacer clic en ENTER, el procedimiento será almacenado y puede ser invocado usando el comando:

CALL HelloWorld ();

Un ejemplo de uso de procedimientos con parámetros y una estructura condicional se puede hacer con el siguiente procedimiento, que comprueba a través de un comando IF

... THEN ... ELSE si ciertos campos se ven o no:
DELIMITER / /

```
CREATE PROCEDURE DatosCliente(vnombre VARCHAR(60), vDNI
CHAR(11))
  BEGIN
    IF ((vnombre != '') &amp;&amp; (vDNI != '')) THEN
       INSERT INTO Cliente (nombre, DNI) VALUES (vnombre, vDNI);
    ELSE
       SELECT 'El Nombre y el DNI deben ser indicados!' AS Msg;
    END IF;
  END; //
```

Si queremos ahora introducir valores mediante el procedimiento, sólo tenemos que llamarlo:

```
CALL DatosCliente ('John Doe', 11111111111 ');
```

Ahora un ejemplo de la utilización de funciones. Un comando básico que tome dos notas y devuelva el promedio de ellas:

```
DELIMITER //
CREATE FUNCTION media (n1 FLOAT, n2 FLOAT) RETURNS
FLOAT
  BEGIN
    DECLARE media FLOAT;
    SET media=(n1+n2)/2;
    RETURN media;
  END
  ; //
Un ejemplo básico para el uso de la función podría ser:
SELECT media (10,8.5);
```

La actualización de un procedimiento o función

```
ALTER PROCEDURE | FUNCTION Nombre
 - Código Modificado
```

Eliminación de un procedimiento o función

DROP PROCEDURE | FUNCTION [IF EXISTS] Nombre del procedimiento o función;
Por ejemplo:

DROP PROCEDURE DatosCliente;

Una buena recomendación es utilizar siempre este comando antes de crear una función o procedimiento de manera que no exista ningún conflicto. Por ejemplo:

DROP PROCEDURE IF EXISTS HelloWorld;
CREATE PROCEDURE HelloWorld ()
BEGIN
 SELECT 'Hello World';
END;

Comandos de Programación en MySQL

La programación en MySQL sigue los mismos elementos aprendidos en la programación lógica y tiene la siguiente estructura:

1. Todo el código, línea por línea debe terminar con un punto y coma (;).
2. Para crear variables dentro del cuerpo del código (entre BEGIN y END) usamos DECLARE nombre_variable tipo_variable;
3. Para asignar un valor a una variable, utilice el comando SET nombre_variable = nuevo_valor;

Comandos de control principales

IF ... ELSE ... END IF;

El comando IF ... ELSE ... END IF; establece una estructura condicional en el que cuando la condición es verdadera, se ejecuta el primer bloque de comandos, sino el segundo bloque.

```
DELIMITER //
CREATE FUNCTION Comparacion (numero1 INT, numero2 INT)
RETURNS VARCHAR(20)
  BEGIN
    DECLARE texto VARCHAR(20);
    IF numero1 < numero2 THEN
      SET texto = '<';
    ELSEIF numero1 = numero2 THEN
        SET texto = '=';
      ELSE
        SET texto = '>;';
```

```
    END IF;
  SET texto = CONCAT(numero1, ' ', texto, ' ', numero2);
  RETURN texto;
END // DELIMITER ;
```

WHILE... DO... END WHILE;

La orden While permite que mientras una condición sea verdadera, el comando se repita.

```
DELIMITER //
CREATE PROCEDURE TestEncuanto()
BEGIN
  DECLARE valor INT;
  SET valor=0;
  WHILE valor < 10 DO
    SELECT 'Hola Mundo' AS Msg;
    SET valor = valor + 1;
  END WHILE;
END //DELIMITER;
```

CASE... WHEN...END CASE;

Implementa un conjunto de condiciones, por lo que es más fácil de manipular que el IF y ELSE.

```
DELIMITER //
CREATE PROCEDURE EjemploCase(opcion INT)
BEGIN
  CASE opcion
    WHEN 1 THEN SELECT * FROM Clientes;
    WHEN 2 THEN SELECT Nombre, Edad FROM Clientes;
    WHEN 3 THEN SELECT Nombre FROM Clientes;
    ELSE
    SELECT "La opción elegida no es correcta" AS MSG;
  END CASE;
END
//DELIMITER;
```

Triggers

Trigger es el nombre de un conjunto de comandos que se ejecutan antes o después de que se realiza un cambio en una tabla (INSERT, UPDATE y DELETE). Hemos creado un código de disparo que se almacenará en la base de datos y se ejecuta cada vez que se realiza un cambio en la tabla con la que el trigger está vinculado. En general, utilizamos los disparadores para garantizar la coherencia de todos los datos de una tabla después de una operación en particular (por ejemplo, adaptación de los campos clave) o para actualizar múltiples tablas al mismo tiempo, de acuerdo con un cambio realizado en una tabla en particular. No se puede crear un trigger para una vista y no se puede llamar a un disparador solo (por ejemplo, con CALL).

La sintaxis del trigger es:

CREATE TRIGGER nombre del disparador [BEFORE|AFTER]
[INSERT|REPLACE| DELETE|UPDATE]

ON Tablaquesserámanipulada [FOR EACH ROW]

BEGIN

- Las definiciones de lo que debe hacer el TRIGGER. Si usted tiene más de una línea se utiliza BEGIN y END.

END;

Un ejemplo de código mediante un disparador o trigger:

DELIMITER //

```
CREATE TRIGGER test BEFORE INSERT

ON Cliente FOR EACH ROW

BEGIN

SET @nombre=NEW.NombreCliente;

IF ((@nombre=' ') OR (CHAR_LENGTH(@nombre)&lt;10) ) THEN

SET NEW.NombreCliente = NULL;

END IF;

END;

// DELIMITER ;
```

En este ejemplo, cada vez que se intenta realizar un INSERT en la tabla de Clientes, el trigger se dispara, asegurando que el nombre del cliente a ser insertado no está vacío o es inferior a 10. Si una de estas condiciones se cumple, lo que se inserta en la tabla de clientes es NULL.

Si queremos cambiar un disparador, utilizamos la sintaxis:

```
ALTER TRIGGER nombre del disparador [BEFORE|AFTER]
[INSERT|REPLACE| DELETE|UPDATE]

ON Tablaqueserámanipulada [FOR EACH ROW]

BEGIN
```

- *Las definiciones de lo que debe hacer el TRIGGER. Si usted tiene más de una línea se utiliza BEGIN y END.*

END;

Para eliminar un desencadenador, utilice la sintaxis:

DROP TRIGGER nombre del disparador;

Operadores NEW y OLD

Dentro de los factores desencadenantes, utilizamos los operadores NEW y OLD para acceder a los campos de una tabla de acuerdo a nuestra necesidad. OLD sirve para acceder a los valores que ya están en la base de datos y NEW sirve para acceder a los valores que se introducen en la base de datos. Por supuesto, el método de gestión de los nuevos y viejos valores varía según el tipo de operación a realizar en la base de datos:

- INSERT: el operador NEW.nombre_columna, nos permite comprobar el valor enviado a insertarse en una columna de una tabla. OLD.nombre_columna no está disponible.
- DELETE: el operador OLD.nombre_columna nos permite comprobar el valor borrado o el valor que desea borrar. NEW.nombre_columna no está disponible.
- UPDATE: tanto OLD.nombre_columna como NEW.nombre_columna están disponibles antes (BEFORE) o después (AFTER) de la actualización de una fila.

Ejemplo:

DELIMITER //

CREATE TRIGGER prueba AFTER INSERT 3

ON CLIENTE FOR EACH ROW

```
BEGIN

IF (NEW.email IS NOT NULL) THEN

INSERT INTO Contacto SET email = NEW.email;

END IF;

END;

/ / DELIMITER;
```

Las transacciones en las bases de datos

Transacción es el nombre que se da a la unidad de trabajo (dentro de un procedimiento o función) lógica única, indivisible dentro de un SBD. El código de transacción se crea y esta disponible dentro de un procedimiento o una función: si el proceso no se lleva a cabo al completo será cancelado en su totalidad. Esto se hace para mantener la consistencia de los datos y las operaciones dentro de la base.

Para visualizar la idea de cómo funciona una transacción, podemos imaginar una transferencia bancaria entre dos cuentas: para realizar una transferencia, se retira dinero de una cuenta y es depositado en otra. Si no se produce la retirada o el depósito, todo el proceso de transferencia debe ser abortado.

No todo tipo de tabla en MySQL soporta transacciones. Las tablas de MySQL que soportan esto son InnoDB. Por defecto, este es el tipo de tabla por defecto tras la versión 5.5, pero antes de la versión 5.5, MySQL tenía tablas MyISAM, siendo necesario algún tipo de conversión para el uso de las transacciones. Esta conversión se puede hacer de dos maneras: directamente mediante la creación de tablas de tipo InnoDB o mediante la conversión de una tabla existente.

La conversión de tablas MyISAM a InnoDB

Para crear un tipo de tabla InnoDB, basta con introducir type = innodb después del comando CREATE TABLE, antes del punto y coma final. Por ejemplo:

```
CREATE TABLE test (
  test_id int (2)
  test_nombre VARCHAR (10))
  TYPE = InnoDB; #
```

La conversión de una tabla existente se puede hacer usando el comando ALTER TABLE utilizando type = InnoDB;. Por ejemplo, si tenemos una tabla denominada test1 y queremos cambiarla a tipo InnoDB, utilizamos el comando:

ALTER TABLE test1 TYPE = InnoDB;

Trabajando con transacciones

Por defecto, MySQL trabaja con **autocommit=1**, lo que significa que cada comando se ejecuta inmediatamente para ser procesado / grabado, ya sea bien o mal. Para trabajar con transacciones podemos desactivar la ejecución automática mediante el código:

set autocommit=0;

Hay diferentes maneras de escribir una transacción. En este libro vamos a aprender la forma más conocida. La sintaxis es:

START TRANSACTION;
--Comandos
COMMIT | ROLLBACK; - seleccione una opción: Commit o Rollback

El final de la transacción (COMMIT o ROLLBACK) se debe elegir para adaptarse a la conveniencia del desarrollador:

- **COMMIT:** indica el final de una transacción exitosa. El comando le indica al administrador de transacciones que controla la transacción que se ha completado con éxito y que la base de datos está en un estado coherente, permitiendo que todos los cambios de la transacción se hagan permanentes.
- **ROLLBACK:** marca el final de una transacción sin éxito. La orden le dice a las transacciones que los comandos de la operación tenían algún fallo en su aplicación y los cambios realizados por la transacción deben ser deshechos.

Ahora vamos a crear un procedimiento para la transferencia de valores entre cuentas utilizando lo que hemos aprendido acerca de las transacciones. Imaginemos que tenemos una tabla llamada Cliente, que tiene un campo de ID y un campo de saldo. Si realizamos una transferencia, hay que retirar de una cuenta en particular y transferirlo a otra. Si ambas acciones se producen sin problemas, las actualizaciones son permanentes. De lo contrario, no se realizan las acciones.

```
CREATE PROCEDURE transferencia (de_cuenta INT,
para_cuenta INT, valor NUMERIC(10,2))
  BEGIN
    START TRANSACTION;
      UPDATE cliente
      SET saldo=saldo-valor
      WHERE cod_cliente=de_cuenta;

      UPDATE cliente
      SET saldo=saldo+valor
      WHERE cod_cliente=para_cuenta;
    COMMIT;
  END;
```

Savepoint

El comando SAVEPOINT permite guardar puntos dentro de una transacción. SAVEPOINT permite que la transacción no sea completamente anulada, el procesamiento se cancela sólo en el punto de salvaguarda. Para usar esta función se requieren dos comandos:

SAVEPOINT Identificador;

¿Dónde se determina el punto en que la transacción debería parar si se produce un error? El comando siguiente es el que termina el código y le dice a la operación que vuelta al comando anterior:

ROLLBACK TO SAVEPOINT identificador;

Los Índices en MySQL

En una base de datos, la búsqueda de un conjunto de datos puede ser lenta debido a la cantidad de los datos totales del sistema. Esto se debe a que, en general, para buscar algunos datos, el sistema inicia la búsqueda en los primeros datos de la columna y va de uno en uno hasta encontrar los datos adecuados. En este sentido, la mayoría de los SBD proporcionan la indexación de los sistemas de datos para acelerar la búsqueda. La indexación acelera la búsqueda de los campos de consulta que se encuentran en el WHERE, que se utilizan en las uniones o para encontrar valores para las funciones min y max de columnas específicas.

MySQL tiene tres tipos de indexación: PRIMARY, UNIQUE e INDEX.

Crear índices

En general, los índices se crean en el momento de la construcción de las tablas. El primer tipo PRIMARY se refiere a las claves primarias (que son una especie de índice) y que ya hemos creado de la siguiente forma:

CREATE TABLE clientes (
   código INT NOT NULL,
   nombre varchar (60) NOT NULL,
   PRIMARY KEY (código));

El segundo tipo de índice (UNIQUE) requiere que un campo (clave no primaria) sólo pueda tener un valor específico dentro de la base de datos. Por ejemplo:

CREATE TABLE clientes (
   código INT NOT NULL,
   nombre varchar (60) NOT NULL,

DNI CHAR (11) NOT NULL,
PRIMARY KEY (código),
UNIQUE (DNI));

El tercer tipo (INDEX) crea un índice usando un campo específico:

CREATE TABLE clientes (
código INT NOT NULL,
nombre varchar (60) NOT NULL,
DNI CHAR (11) NOT NULL,
PRIMARY KEY (código),
ÍNDICE (DNI));

En INDEX cuando los campos son char o varchar sólo puede tener un determinado número de caracteres, en lugar de todo el campo. Por ejemplo:

CREATE TABLE clientes (
código INT NOT NULL,
nombre varchar (60) NOT NULL,
DNI CHAR (11) NOT NULL,
nombre_ma VARCHAR (60) NOT NULL,
PRIMARY KEY (código),
UNIQUE (DNI)
INDEX mae (nombre_ma (10)));

sólo obtendrá los primeros 10 caracteres para transformar en índice nombre_ma.

Para crear índices para tablas ya creadas, la sintaxis es:
CREATE [UNIQUE|FULLTEXT] INDEX nombre_indice
ON nombre_tabla (campos,...);

Índices de campos múltiples

Podemos crear índices con varios campos, pudiendo tener un índice como máximo 15 campos. Por ejemplo:

```
CREATE TABLE Pacientes(
    código INT NOT NULL,
    Nombre VARCHAR (60) NOT NULL,
    Apellidos VARCHAR (30) NOT NULL,
    PRIMARY KEY (código),
    INDEX nombre_completo (Nombre, Apellidos));
```

Se crea un índice que se llamará nombre_completo y que utilizará un límite entre Nombre -> Nombre y Apellidos.

Eliminación de índices

Para eliminar un índice de una tabla, utilice la siguiente sintaxis:

DROP INDEX nombre_indice ON tabla;

Comandos DCL en MySQL

Los comandos **_DCL_** (Data Control Language) son un subconjunto del lenguaje SQL que se ocupa de la creación, manipulación, exclusión y control de acceso de usuario a una base de datos. En los comandos de MySQL, Grant y Revoke permiten a los ABD crear usuarios y dar los privilegios necesarios en cada caso.

Creación de los usuarios y la concesión de privilegios en MySQL

La sintaxis básica para crear usuarios y otorgarles privilegios de MySQL es:

GRANT privilegios [columnas]

ON item

TO usuario [IDENTIFIED BY contraseña]

[WITH GRANT OPTION];

La opción de privilegios determina las acciones que un usuario particular puede hacer en una base de datos. Entre los muchos privilegios que se pueden establecer, los principales son (deben ir separados por comas si se utiliza más de uno):

SELECT
INSERT
UPDATE
DELETE
INDEX
ALTER
CREATE

DROP

SHUTDOWN

ALL

La opción Columnas es opcional y especifica la columna (o columnas) que el usuario puede manipular dentro de una tabla de base de datos.

La elección determina la base de datos o las tablas donde el usuario puede tener privilegios. Algunas opciones posibles son:

- *. * : **Los privilegios de usuario serán para todas las bases de datos en el sistema.**
- Nombre Base. * : **Los privilegios son para todas las tablas de una base de datos específica.**
- Nombre Base. Tabla: **El privilegio será para una tabla específica.**
- La opción de usuario determina el nombre del usuario que puede utilizar el sistema.
- La opción de contraseña establece una contraseña que el usuario debe usar para acceder al sistema.
- La opción WITH GRANT OPTION, si se especifica, permite al usuario conceder permisos a otros usuarios.

Los privilegios de MySQL se almacenan en cuatro tablas del sistema que puede ser manipuladas directamente para comodidad del ABD:

mysql.user
mysql.db
mysql.tables_priv
mysql.columns_priv

Eliminación de privilegios de usuario

Para eliminar los privilegios de un usuario, utilice la sintaxis:

REVOKE privilegios [columnas]

ON item

FROM usuario;

Eliminación de usuarios

Podemos eliminar un usuario sin privilegios en el sistema. Para esto verificamos los privilegios del usuario en el sistema y revocamos todos estos privilegios. Después de esto, utilizamos el comando:

DROP USER nombre_usuario;

Backup y Seguridad con MySQL

Backup

Backup (Copia de seguridad) es el nombre que damos a los archivos guardados de un sistema, de manera que podamos recuperar el sistema en su estado más actual si se produce un problema con el mismo. Las bases de datos MySQL se crean automáticamente en la carpeta MySQL y cada base de datos tiene una carpeta específica con archivos de referencia a las tablas creadas. La forma menos sofisticada es copiar los contenidos de estas carpetas en otro sitio conveniente. Sin embargo, como las bases de datos tienen constantes cambios, la copia puede haber tomado numerosas inconsistencias. Puede detener MySQL, sin embargo, en la mayoría de los casos, el SBD no se puede detener en n ningún momento.

Una opción puede ser utilizar la utilidad **mysqldump** que viene con el MySQL ya que accede a la base de datos como haría con cualquier otra aplicación y hace copias consistentes de las tablas, creando un archivo SQL que conforma la base de datos y los datos de la tabla. La sintaxis básica es:

mysqldump [OPCIONES] base de datos [tablas]> SQL

Tenemos muchas opciones para introducir en el comando mysqldump, con el fin de optimizar los datos de las exportaciones y de la estructura, pero los principales son:

- **-u:** usuario.
- **-password [= your_pass]:** contraseña de un usuario.
- **-add-drop-table**: Añade DROP TABLE antes de cada sentencia CREATE TABLE.
- **-A:** descarga todas las bases de datos.
- **X:** guarda en formato XML.
- **-X:** da un bloqueo en las tablas de la base de datos.

- **-P:** contraseña

Ejemplo de comando:
Mysqldump-u root-p-x A-> archivo.sql

Es posible comprimir el archivo generado, agregando gz.:
Mysqldump-u root-p-x-A> archivo.sql.gz

El archivo se puede abrir más tarde con el comando gunzip:
gunzip archivo.sql.gz
Para restaurar una copia de seguridad más tarde, utilizamos el comando mysql:

Mysql-u root-p-base de datos = nombre de la base <sql

Seguridad en MySQL

Para garantizar el correcto funcionamiento de las bases de datos se deben realizar diferentes procedimientos:

- No otorgue a cualquier usuario (que no sea del sistema de ABD) permiso de acceso a las tablas de usuario de MySQL;
- Siempre ofrecer la opción más baja posible para acceder a un usuario en particular. Evitar la creación de usuarios y contraseñas que se rompen fácilmente o permitan el acceso completo al sistema.
- Si el servidor tiene conexión a Internet, invertir en medidas de seguridad, tales como firewall, nunca use los usuarios con contraseñas vacías y nunca almacenar contraseñas y usuarios abiertamente en cualquier ordenador de la red.
- Configure los sistemas que manipulan la base de datos para evitar SQL *Injection*.

Dispositivos de almacenamiento de bases de datos

Los datos que constituyen una base de datos deben ser almacenados en un medio de almacenamiento que permita la manipulación por un SBD, de modo que pueda entrar, manipular y consultar los datos según la conveniencia de las diversas aplicaciones software. Los diseñadores de bases de datos y ABD deben conocer las ventajas y desventajas de cada medio de almacenamiento: en los sistemas que trabajan con pequeñas o medianas bases de datos o donde el acceso es escaso, no es necesario entender las especificaciones físicas para el montaje de un sistema de base de datos, pero con el aumento de la complejidad en el rendimiento y la cantidad de datos, el proceso de diseño físico de bases de datos implica muchas opciones técnicas y herramientas a ser utilizadas.

Soportes de almacenamiento y jerarquía de memoria

El medio de almacenamiento de un dispositivo informático puede organizarse en una jerarquía compuesta por dos categorías básicas:

- **Almacenamiento primario**: en dónde están los medios a los que se puede acceder directamente por la CPU (Central Processing Unit), que incluye la memoria principal y la memoria caché. Los medios de almacenamiento primario son más rápidos, más caros y tienen menos capacidad de almacenamiento que otros niveles de almacenamiento.

- **Almacenamiento secundario y terciario**: estos son los tipos de almacenamiento a los que no se puede acceder directamente por la CPU e incluyen unidades de disco duro (secundario), unidades de medios extraíbles, discos ópticos y cintas. Estos niveles de almacenamiento son más baratos, tienen menor velocidad de acceso a los datos, pero cuentan con mayor capacidad de almacenamiento.

En un sistema informático, los datos son consultados a lo largo de la jerarquía de memoria, que son llamados por la CPU, según sea necesario. Los datos analizados y procesados en una aplicación deben ser almacenados en los medios de almacenamiento primario, mientras que los datos que no son necesarios en tiempo de procesamiento se almacenarán en los niveles secundario y terciario.

Los principales medios de almacenamiento de datos son:

- **Caché**: Es la más rápida pero también la más cara. Esta es una RAM estática, típicamente utilizada por la CPU para acelerar la ejecución de instrucciones. Esta memoria es pequeña y por lo general el tema de la gestión de almacenamiento en caché no es un tema de importancia en el estudio de las bases de datos.
- **Memoria principal**: este tipo de memoria ofrece espacio para que la CPU puede mantener los programas y datos durante su procesamiento. Se llama la DRAM (RAM dinámica) y aunque puede contener un gran número de datos, es generalmente pequeña como para almacenar una base de datos entera. Como los programas y datos que se ejecutarán trabajan en DRAM, cuando se trabaja con un sistema de bases de datos se carga algunas partes del disco duro para la memoria DRAM para ser utilizados por la CPU. Sin embargo, el contenido de la memoria principal se pueden perder si se produce un corte de corriente o un fallo del sistema grave (volatidad).
- **Memoria Flash:** difiere de la memoria principal debido a que los datos si sobreviven en caso de fallo de alimentación (es decir, no es volátil). Tiene un alto rendimiento, alta densidad y usa la tecnología de EEPROM (Electrally Erasable Programmable Read-Only Memory). Este tipo de memoria tiene un acceso rápido y en los últimos tiempos, se ha convertido en el principal medio de almacenamiento de los dispositivos del hogar (MP3, televisores, teléfonos móviles, etc.), así como medios de transporte de datos (Flash USB, popularmente conocida como pendrive).
- **Disco magnético:** el principal medio para el almacenamiento de datos durante largos períodos de tiempo. Normalmente las bases de datos se almacenan de esta manera siendo movidos a la

memoria principal cuando son necesarios y viceversa. El almacenamiento en disco es una memoria de acceso directo, ya que se pueden leer los datos en el disco en cualquier orden. Los discos pueden fallar pero estos errores ocurren con menos frecuencia que los errores de sistema.

- **Disco óptico:** los datos se almacenan en el disco y se lee ópticamente por láser (por ejemplo, CD-ROM, DVD-ROM, etc.) En general, este tipo de medio se graba una vez y nunca se puede borrar. El acceso a este tipo de almacenamiento es lento y evita múltiples acciones de lectura y escritura en una base de datos pero tiene una duración superior a los discos magnéticos.

- **Cintas magnéticas:** utiliza cintas con material magnético que se cambia por una carga eléctrica, lo que le permite escribir y leer datos. Este tipo de almacenamiento se utiliza principalmente para las copias de seguridad en bases de datos. El acceso de datos es lento debido al hecho de que el acceso a los datos debe hacerse secuencialmente (de acceso secuencial).

Principales medios de almacenamiento utilizado en las bases de datos

Cuando se trabaja con bases de datos, es importante saber el tipo de almacenamiento en el que se guardaron los datos. Las características de un medio de almacenamiento definen la velocidad de acceso, la capacidad de almacenamiento y la cantidad de datos que se pueden leer o escribir en un momento dado. En primer lugar, debemos conocer las características de los dos tipos principales de almacenamiento usado en bases de datos: cintas magnéticas y discos magnéticos.

Discos magnéticos

Los discos magnéticos son actualmente el principal medio de almacenamiento para grandes cantidades de datos. Este tipo de medio se basa en un formato de disco y material magnético protegido por una capa de plástico o material acrílico. Los discos magnéticos pueden almacenar información en un lado (unilateral) o ambos lados (a doble cara). Varias unidades pueden ser conectadas al mismo eje, formando un disk pack, con el fin de aumentar la capacidad de almacenamiento. La cara de un disco se divide en un conjunto de círculos (pistas), y si hay más de un disco, las pistas en las mismas posiciones en los discos se denominan cilindros. Como las pistas tienen una gran cantidad de información, están divididas en bloques o sectores. La división en sectores del disco es fija y no puede cambiarse. La división de una pista en bloques de disco (páginas) está definida por el sistema operativo para el formato de disco.

Para leer y escribir información en un disco son utilizados cabezales magnéticos de lectura / escritura, que magnetizan un área del disco para representar un valor de bit (0 o 1). Estos bits se agrupan en grupos de 4 a 8, que constituye un byte o un carácter que se almacena en bloques de disco. Un dispositivo de disco magnético es un acceso directo, por lo que la transferencia de datos se realiza en unidades de bloque a la memoria principal. Para acceder a un bloque en particular, se utiliza la dirección de hardware, que incluye el número de cilindros, número de pista y el número de bloque.

Las principales características de este medio son la capacidad, el tiempo de acceso, la tasa de transferencia de datos y la fiabilidad. El tiempo de acceso es el tiempo que requiere una solicitud de lectura / escritura para el comienzo de la transferencia de datos. De esta forma, el brazo con la posición de lectura / escritura en la pista se posiciona donde se encuentran los datos y espera a que el sector aparezca debajo de la cabeza de lectura y escritura, mientras que el disco gira. El tiempo para cambiar la posición del brazo es lo que conocemos como tiempo de búsqueda (seek time). Aumenta de acuerdo con la distancia a donde el brazo debe moverse. El tiempo dedicado a la espera para que pueda acceder al sector se llama tiempo de latencia rotacional. El tiempo de acceso a los datos es la suma del tiempo de búsqueda y el tiempo de latencia.

Una vez que el primer sector de datos a los que se accede ha llegado a la lectura y escritura comienza la transferencia de datos. La velocidad a la que los datos se recuperan o se escriben en el disco se llama la tasa de transferencia de datos. La última medida de uso frecuente es el tiempo promedio de ocurrencia de un fallo, que es la medida de la fiabilidad del disco, donde el promedio de la aparición de un tiempo de fallo de disco es, en promedio, la cantidad de tiempo que puede estar funcionando el sistema sin errores.

Cinta magnética

Las cintas magnéticas son dispositivos de acceso secuencial donde los datos se almacenan en los carretes de cinta magnética (similares a las viejas cintas de K-7 y VHS). Un cabezal magnético de lectura / escritura se utiliza para escribir y leer los datos de la cinta: al grabar en cinta, los datos se escriben en bloques de bytes secuencialmente. Pero cuando queremos buscar cierta información en la cinta, esta se debe recorrer hasta que el bloque solicitado pase por la cabeza de escritura / lectura. Como el proceso puede ser muy lento, en general, este tipo de almacenamiento se utiliza para backup.

Matriz redundante de discos independientes (RAID)

Con el crecimiento de la capacidad de los dispositivos de memoria primarios, el almacenamiento secundario también tuvo que aumentar de capacidad y fiabilidad. Un gran avance en este sentido es el uso de la tecnología RAID, que tiene como objetivo nivelar el rendimiento entre los discos y el rendimiento de los procesadores y memorias, ya que estos últimos se desarrollan mucho más rápido que los sistemas de disco.

El concepto de RAID (del inglés Redundant Array of Independent Drives o matriz redundante de discos independientes) apareció en 1987, proponiendo el uso de un gran número de discos pequeños y baratos para almacenar datos en lugar de utilizar un número de unidades de disco grandes y caras.

Dos técnicas garantizan el correcto desempeño del concepto: en primer lugar, la división de datos (data stripping- RAID 0), que permite leer / escribir en dos o más discos en paralelo, presentándolo al sistema operativo como si se tratara de un solo disco. Como un archivo se divide entre los discos disponibles, esto permite una mayor velocidad de acceso. Por ejemplo, en un sistema RAID de dos discos, al grabar un archivo de 1 MB, este será escrito, al mismo tiempo, con 500Kb en cada disco, disminuyendo a la mitad el tiempo de grabación. La segunda técnica que asegura la eficiencia del RAID es el efecto espejo (mirroring- RAID 1) que permite a un disco la copia automática de los datos del otro disco.

Arquitecturas RAID

Implementación vía software

En la implementación a través de software, el RAID está configurado y gestionado por el sistema operativo y los discos que se utilizarán están unidos a las interfaces de la placa base. No hay necesidad de usar un controlador RAID, lo que hace que esta implementación sea barata y flexible pero necesita configuraciones adicionales y requiere más recursos de procesamiento. La mayoría de los sistemas operativos modernos ofrecen el uso de las opciones de RAID a través de software (como Linux, Windows 2000 o superior, entre otros).

Implementación vía hardware

En este tipo de sistema se utiliza un controlador RAID, que es un dispositivo (normalmente en forma de una tarjeta de adaptador o caja) que permite conectar los discos. Si el RAID es pequeño, se puede almacenar en el propio equipo que se utilizará. Sin embargo, en un sistema de discos más grandes puede tener su propio espacio de almacenamiento. Por lo general el hardware RAID no es compatible entre diferentes fabricantes y modelos.

Fake RAID

La implementación vía software generalmente no tiene una fácil configuración y la implementación vía hardware a través de controladores tiene un precio muy alto. La Fake RAID utiliza un "controlador barato" que en lugar de usar un chip controlador RAID, utiliza una combinación de funciones especiales en la BIOS de la placa y drivers instalados en el sistema operativo.

Niveles de RAID

Los niveles de RAID son las diversas formas en que los discos se combinan para un fin. No existe una secuenciación: los números citados corresponden a la técnica utilizada en el sistema. A continuación se presentan los principales niveles y combinaciones de RAID.

RAID 0

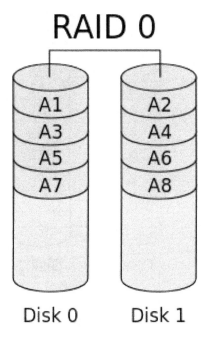

En la técnica RAID 0 (data stripping) los datos se dividen en segmentos consecutivos (stripes o bandas), escritos secuencialmente en cada uno de los discos del sistema. Por lo tanto, el acceso a la información es más rápido pero como no tiene redundancia, el fallo de un disco puede poner en peligro todo el sistema. Se recomienda RAID 0 para los sistemas que exigen un alto rendimiento pero no requieren una seguridad de datos eficaz.

RAID 1

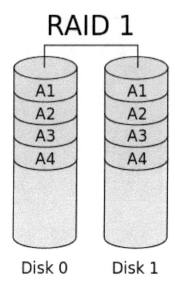

RAID 1 implementa la duplicación de discos (mirroring). El funcionamiento de este nivel es simple: todos los datos se escriben en dos discos diferentes, si un disco falla o se retira, los datos conservados en el otro disco permiten la operación continua del sistema.

Con RAID 1 es posible duplicar el rendimiento en la lectura de la información, ya que las operaciones de lectura se pueden propagar en los dos discos. RAID 1 tiene un coste más elevado en comparación con RAID 0, pero ofrece una mayor seguridad y mantenimiento del sistema, si uno de los discos fallara.

RAID 10 (o 1+0)

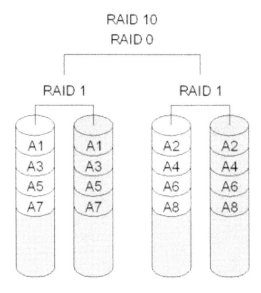

RAID 10 requiere al menos cuatro unidades de disco duro. Se utilizan dos discos como RAID 0, lo que aumenta el rendimiento, mientras que en los otros dos discos se copiarán los dos primeros. Hasta la mitad de las unidades pueden fallar al mismo tiempo sin que se pierdan los datos si no fallan los dos lados iguales del espejo. Es el nivel utilizado para los datos de la base de datos, al ser uno de los más tolerantes a fallos y rápido.

RAID 0 +1

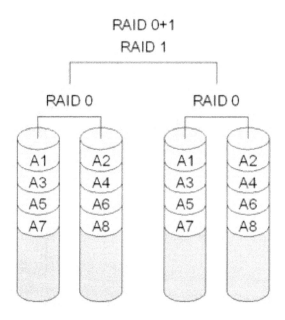

RAID 0 +1 requiere, de forma similar a RAID 10, por lo menos 4 discos duros. Se utilizan dos discos como RAID 0, lo que aumenta el rendimiento, mientras que en los otros dos discos se copiarán los dos primeros. Sin embargo, si un disco falla, el sistema se convierte en RAID 0.

RAID 2 (ECC)

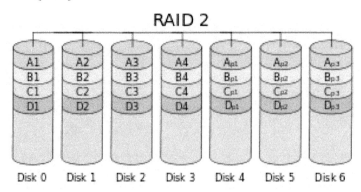

RAID 2 almacena información ECC (Error Correcting Code), información de control de errores para su uso en los discos que no tienen de fábrica detección de errores. RAID 2 está a día de hoy obsoleto, ya que los discos modernos cuentan con detección de errores de fábrica en el propio disco.

RAID 3

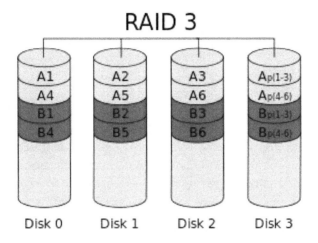

RAID 3 divide los datos en el tamaño más pequeño posible para el stripe (a nivel de byte) y utiliza todos los discos para lectura/escritura. La paridad se graba en un disco independiente. Este nivel de RAID tiene un montaje complicado vía software.

RAID 4

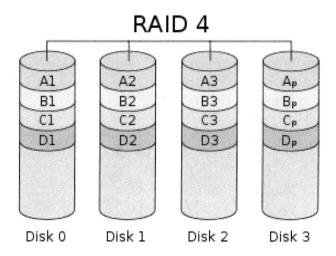

Funciona con al menos tres discos. Uno de los discos se encarga de la copia (una forma de seguridad) de la información contenida en los discos. Si uno de los discos está dañado, el de copia puede ser utilizado inmediatamente para reconstituir su contenido. Los restantes, que se utilizan para almacenar datos, se configuran para utilizar segmentos suficientemente grandes (tamaño medido en bloques) para dar cabida a un registro completo. Esto permite la lectura independiente de la información almacenada, por lo que RAID 4 es usado para entornos transaccionales que requieren muchas lecturas pequeñas y simultáneas.

RAID 5

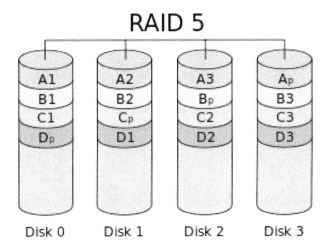

RAID 5 es similar a RAID 4 y también requiere de tres discos. Sin embargo, graba la paridad en un archivo independiente que se distribuye por todos los discos, proporcionando un mayor rendimiento que el RAID 4 y una mayor tolerancia a fallos.

RAID 6

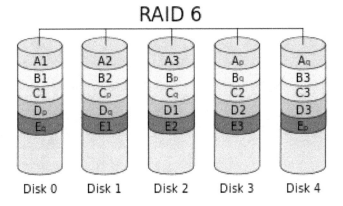

Es un estándar relativamente nuevo, con el apoyo de sólo unos pocos controladores. Es similar a RAID 5, pero usa el doble de bits de paridad, lo que garantiza la integridad de datos, incluso si fallan las dos unidades simultáneamente.

RAID 50

Es un modelo híbrido que usa técnicas con RAID de paridad en conjunto con segmentos de datos.

RAID 100

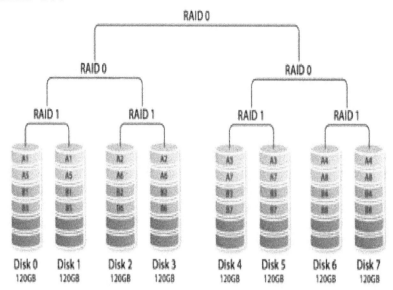

El RAID 100 consiste básicamente en RAID 10+0. Por lo general, se lleva a cabo utilizando una combinación de hardware y software, es decir, implementa el RAID-0 a través del software y el RAID 10 a través de hardware.

Registros, archivos y organizaciones de archivos primarios en bases de datos

Después de estudiar los elementos físicos en los que una base de datos se puede almacenar, debemos entender como los datos se organizan de forma lógica en un dispositivo. En este apartado se estudia como las bases de datos están estructuradas de una manera lógica y mapeadas para los elementos físicos estudiados anteriormente.

Registros

La mayoría de los SBD organizan los datos en una base de datos en forma de registros o estructuras. Por este motivo es que muchos ABD utilizan el término "recuperar registros" al hacer una búsqueda, por ejemplo. Como se ve en la programación lógica, un registro es una estructura lógica con un conjunto de elementos (variables) con valores específicos almacenados de forma continua en la memoria con el fin de facilitar la búsqueda y recuperación de datos.

Cuando escribimos código para crear la estructura de una tabla en un SBD relacional, los comandos (por ejemplo, CREATE TABLE en SQL) son mapeados en el código en el idioma en el que el SBD se ha creado (por ejemplo, C, Java, etc.) que crea la plantilla de registro. Cada vez que se realiza una entrada, la plantilla del registro es llamada, los datos introducidos y el registro grabado en el disco.

Por ejemplo, si creamos un comando:

CREATE TABLE clientes (
   código INT;
   nombre CHAR (60);
   DNI CHAR (11);
);
podemos mapear en C un registro con el formato:
struct cliente {
   código int;

nombre char [60];
DNI Char [11];
};

Archivos

Una secuencia de registros forma un archivo (que también se puede llamar una tabla en el modelo relacional). Las operaciones sobre archivos se suelen segmentar en dos tipos: las operaciones de recuperación y las operaciones de actualización. El primer grupo no cambia los datos del archivo, sólo localiza valores específicos. El segundo grupo cambia el archivo a través de la introducción de registros, actualizaciones o eliminación.

Los archivos son grabados en bloques de disco, que son la unidad de transferencia entre el disco y la memoria. Cuando el tamaño de un archivo es más grande que el tamaño de un bloque, el bloque puede tener varios registros, pero si un registro es más grande que un bloque se puede dividir en varios bloques mediante el uso de indicadores para la conexión entre los bloques. En la asignación contigua, los archivos se almacenan en bloques de disco de forma consecutiva. En la asignación encadenada, los archivos se almacenan en bloques de disco disponible y se interconectan a través de la utilización de punteros de memoria. Cuando se realizan operaciones de lectura y escritura en una base de datos, el SBD hace una petición que especifica la dirección (número de bloque) en el disco en que se encuentran. Cuando se encuentra, el bloque se transfiere entonces a la memoria principal.

Organizaciones de Archivos Primarios

Llamamos organización de archivos a la forma en como los datos son almacenados y se vinculan a los registros y las estructuras de acceso a los bloques. Existen varios métodos para la organización de archivos primarios que heredan características de los sistemas de archivos de los sistemas operativos. A continuación se muestra una lista de las principales organizaciones de archivos primarios:

- **Archivos de Registros desordenados (*Heap*)** es el método más simple, donde los archivos se almacenan en archivos en el orden en que se insertan (pila). Como se ha analizado en las estructuras de datos, la inserción de un nuevo registro es muy eficiente en este tipo de estructura. El último bloque de la base de datos en el disco se copia en un buffer, se añade el nuevo registro y luego se reescribe en el disco. Sin embargo, la búsqueda y eliminación de este tipo de archivo es más laboriosa, ya que requiere una búsqueda lineal. Para eliminar un registro, el programa primero debe encontrar su bloque, copiarlo en la memoria intermedia, borrar el búfer de fila, reorganizar y volver a escribir el bloque en el disco. Esto puede dejar ranuras libres en los bloques, que después de un número alto de eliminaciones puede desembocar en mucho espacio desperdiciado.
- **Archivos de Registros Ordenados:** los registros de un archivo se pueden clasificar físicamente teniendo en cuenta los valores de algunos de sus campos. Este tipo de organización hace que la búsqueda sea más eficiente, ya que en lugar de utilizar la búsqueda lineal, puede utilizar otras técnicas como búsqueda binaria. Sin embargo, la inserción y extracción pueden ser difíciles debido a que al insertar un elemento, se debe organizar la totalidad del expediente. Dos soluciones son utilizadas generalmente: la primera es la de mantener un espacio en un bloque para los nuevos registros (pero si este espacio es totalmente ocupado, el problema vuelve a aparecer), la segunda opción es mantener un archivo temporal desordenado (llamado archivo de desbordamiento o transacción). En este último caso, los nuevos registros se insertan en el archivo temporal que se ordenó y se fusionó con el archivo principal ordenado periódicamente. Sin embargo, este tipo de solución puede ser más lenta, ya que si no se encuentra un registro en el archivo principal, también se debe buscar en el archivo temporal.

- *Hashing* (**Dispersión**): tal y como se muestra en las estructuras de datos, este tipo de estructura utiliza una tabla hash creada a partir de una función llamada función de hash. Cuando se introduce un determinado dato en la base de datos, se selecciona un campo, que es sometido a esta función que va a generar un valor numérico específico que establece la posición en la que se debe insertar el elemento en el vector de registros. Esto mejora la búsqueda ya que a la hora de buscar un dato, este campo se presentará a la función hash que devolverá la posición en la que es probable que el elemento este sin necesidad de buscar en otros elementos. El problema con este tipo de técnica es cuando la función genera valores iguales para dos o más registros (colisión). En estos casos, se intenta resolver a través de métodos de resolución, de los cuales los principales son: (1) **Abrir Direccionamiento**: Si una determinada posición está ocupada se busca por orden la siguiente vacía (2) **Encadenamiento**: si una determinada posición es ocupada, mantiene una lista para esa posición, ocupando el siguiente elemento de la lista (3) *Hashing* **Múltiple:** el programa aplica nuevas funciones de hash si la principal causa colisión.

- **Archivos de registros mixtos:** hasta ahora creemos que los registros de archivo son del mismo tipo. Sin embargo, en las aplicaciones en general, un registro puede estar relacionado con otro registro (por ejemplo, un registro Empleado tiene un campo que hace referencia a un registro de Departamento). Este campo se llama el campo de la conexión (en el modelo relacional se llama la clave externa). En estos casos, los SBD suelen agrupar estos registros de forma continua o mediante punteros. Para distinguir los diferentes tipos de registros en cada caso, cada registro tiene un campo adicional con su tipo.

Estructuras de indexación para archivos de bases de datos

Los índices son archivos adicionales en una base de datos que ofrecen vías de acceso alternativas a los datos con el fin de facilitar la búsqueda de los mismos basados en un campo elegido (indexación) sin afectar a su posicionamiento físico en el disco. Cuando creamos un índice utilizando un código (como SQL), un determinado campo seleccionado es establecido en una estructura de datos (como árboles), de modo que cuando se realiza una búsqueda utilizando el índice, la búsqueda se realiza en el primer archivo, y cuando el valor se encuentra, dirige los datos relacionados a la base de datos.

La función de un índice ordenado es igual al índice de un libro cuyo propósito es facilitar la búsqueda (binario) de una información dada y sin la necesidad de realizar la búsqueda secuencial (lineal). Cualquier campo se puede utilizar para crear un índice y varios índices utilizando diferentes campos se pueden construir en el mismo archivo. No puede haber variedad de índices, cada uno de los cuales tiene una estructura de datos específica para acelerar la búsqueda. Así, cuando se realiza la creación de los índices en una base de datos, se crea un archivo con los campos indexados estructurados. Como la cantidad de datos de un archivo de índice es mucho más pequeña que una base de datos normal, la búsqueda se vuelve más rápida.

Índices ordenados de nivel único

Índice principal

Un índice primario es un archivo ordenado de tamaño fijo, en donde los registros almacenados tienen dos campos: el primer campo es el mismo tipo que el campo clave del archivo de datos (ya que es el campo que va a recibir el mismo valor del campo clave) y el segundo es un puntero con la dirección del bloque de disco. Hay una entrada de índice en el archivo de índice para cada bloque del archivo de datos. Cada entrada en el índice tiene el valor de la clave principal para el primer registro en el registro del bloque (ancla o bloque de anclaje).

Llamamos de índice denso, el índice que tiene una entrada de índice para cada registro en el archivo de datos. Un índice disperso, sin embargo, tiene entradas de índice para sólo algunas búsquedas valores.

El problema con este tipo de índice es la inclusión y la eliminación de registros, que pueden modificar los registros de anclaje.

Índices de agrupamiento (clustering)

Cuando los registros se ordenan físicamente por un campo que no es la clave (es decir, que tiene un valor distinto para cada registro) llamamos a este campo con el nombre de campo de agrupación. Un índice de agrupación también tiene dos campos, el primer campo es del mismo tipo que el campo de agrupamiento y el segundo campo es un puntero a un bloque de disco. El primer campo tendrá un valor determinado y el segundo campo apunta a todos los datos que tienen el mismo valor para ese campo. Este tipo de índice es disperso, ya que tiene una entrada para cada valor distinto del campo de indexación y no para cada registro en el archivo.

En este tipo de índice también habrá problemas con la inclusión y eliminación de los registros debido a que los registros de datos se ordenan físicamente, repitiendo los mismos problemas observados para la indexación con los índices primarios.

Los índices secundarios

Un índice secundario es otra forma de acceder a un archivo de datos, cuando ya existe un índice primario. Un índice secundario se puede crear a partir de un campo que es una clave candidata o un campo sin clave con valores duplicados. Un mismo archivo puede tener varios archivos secundarios. Los registros de los archivos pueden ser ordenados, desordenados o hashing.

Índices multinivel

Un índice multinivel se puede definir como un índice de índices. En el primer nivel, el archivo está ordenado, por ejemplo, con el uso de un índice cualquiera conforme lo visto hasta ahora. En otros niveles, se crea un índice primario sobre los niveles anteriores y así sucesivamente, hasta que el último índice ocupe apenas un bloque.

Índices multinivel dinámicos

Un índice multinivel permite que el número de bloques a los que se accede en una búsqueda sea muy reducido. Pero este tipo de manipulación tiene problemas debido a que como los archivos están ordenados, puede haber problemas de inserción y eliminación de datos. Una solución es dejar espacios en blanco en cada bloque para la inserción de nuevas entradas usando el índice dinámico, utilizando como estructura de datos el árbol B y sus variaciones. El árbol B puede mantener los niveles de datos balanceados para la cantidad de datos que están siendo indexados y gestiona el espacio utilizado por sus bloques de modo que siempre este ocupado al menos la mitad de su capacidad.

Índices en varias claves

En algunas solicitudes de recuperación y actualización de datos, si una determinada combinación de atributos se utiliza con mucha frecuencia, se puede utilizar una estructura de acceso que utiliza una clave-valor que combine varios atributos.

Algoritmos para el procesamiento y optimización de consultas

Una consulta escrita en un lenguaje de consulta, como SQL, es leída por el SBD, analizada y validada. Las técnicas utilizadas son las mismas que las aprendidas en la teoría de compiladores. Inicialmente son verificados los tokens (símbolos) de consulta, mientras que el analizador sintáctico comprueba si la consulta se escribe de acuerdo a las reglas del lenguaje. Una consulta SQL una vez escrita e interpretada, es traducida en una expresión de álgebra relacional extendida, representado por un árbol de la consulta, que luego es optimizada por el optimizador de consultas. Un SBD implementa varios métodos de acceso para realizar una consulta y al escribir el código y ejecutarlo, el optimizador de consultas calcula el coste de cada método de acceso y aplica el que tiene el menor coste estimado.

Algoritmos para la Selección

Hay muchos algoritmos para ejecutar una instrucción SELECT, que es una operación de búsqueda para localizar los archivos en el disco que cumplen una determinada condición propuesta.

Los métodos más simples de búsqueda son los que no tienen una condición establecida o tienen sólo una condición simple. Son conocidas como exploraciones de archivos porque los registros se exploran en busca de registros que cumplan una determinada condición.

- **Búsqueda Lineal:** recupera cada registro del archivo y comprueba si los valores de los atributos coinciden con la condición dada.
- **Búsqueda binaria:** si el archivo está ordenado y la condición implica una comparación con un atributo clave, la búsqueda binaria se puede utilizar para acelerar la misma.

- **Índice primario o clave hash para un solo registro:** si la condición de selección consiste en la comparación de igualdad con un atributo clave, se puede utilizar un índice principal o una clave hash para recuperar los datos. Estos métodos, no obstante, devuelven un único registro.
- **Índice principal para varios registros:** si la condición de selección implica operaciones de >, <, <= y >= con un campo clave de un índice principal, el índice puede ser utilizado para encontrar el registro que satisface la igualdad y recuperar los registros siguientes de acuerdo con la operación.
- **Índice de agrupamiento:** si la condición de selección involucra comparaciones de igualdad con un atributo no clave, un índice de clúster se puede utilizar para recuperar los registros que cumplen la condición.

Los métodos más complejos de búsqueda, es decir, compuestos de varios términos sencillos, conectados por conectores, pueden utilizar otras técnicas de búsqueda. Cuando las uniones entre dos condiciones simples se hacen a través de AND, llamada condición conjuntiva, las siguientes técnicas pueden ser utilizadas:

- **Selección conjuntiva utilizando índice individual:** un índice de condición aislada permitiría el uso de las técnicas anteriores, utilice la condición para recuperar los registros y luego asegurarse de que cada registro cumple las demás condiciones.
- **Selección conjuntiva utilizando el índice compuesto:** si dos o más atributos forman una clave compuesta, se puede utilizar directamente un índice.

Cuando las conexiones entre las condiciones se realizan a través del conector OR se llaman de condición disyuntiva. Este tipo de condición es más difícil de optimizar, ya que exige que cada condición disyuntiva posea atributos indexados (para tratar de utilizar la técnica anterior), generalmente se usará la técnica de búsqueda lineal.

Algoritmos de unión

La unión es una de las operaciones que más tiempo consume en una consulta, se trata de unir dos o más archivos, lo que es más costoso en términos de búsqueda y de memoria. Los principales algoritmos para la implementación de la unión son:

- **Unión de bucle (o bloque anidado):** recupera todos los registros de la tabla A y comprueba si para cada elemento de la tabla B la condición de unión se cumple.
- **Unión de bucle único:** si existe un índice o una clave hash para uno de los atributos de unión en la tabla A, recupera todos los registros de la tabla B y luego usa la clave de índice o de hash para recuperar los registros que cumplan la unión.
- **Unión ordenar-fusionar:** si las tablas A y B se ordenan físicamente, se pueden recorrer de forma simultánea los registros y recuperar los datos que cumplan la unión. Si no están ordenados, se puede hacer a través de una ordenación externa.
- **Unión hash:** registros A y B son separados en archivos más pequeños utilizando la misma función hash (fase de particionamiento). En la segunda fase (fase de búsqueda) se casan los registros correspondientes.

Técnicas heurísticas de optimización de consulta

Hay técnicas que permiten modificar la representación interna de una consulta, con el fin de mejorar su rendimiento. Un SBD puede generar diferentes estructuras de árbol para la misma consulta y las técnicas heurísticas buscan crear un reordenamiento del árbol con el objetivo de obtener una estructura optimizada. La idea principal es que deben ser ejecutadas primero las operaciones que reducen los resultados intermedios de una consulta.

- Inicialmente es importante definir que las operaciones de selección y de proyección deben aplicarse antes de la operación de unión y de otras operaciones binarias.

- Llevar a cabo las operaciones de selección y proyección lo antes posible.
- Las operaciones de selección y unión más restrictivas deben realizarse lo más pronto posible.

El coste de ejecución de una consulta

Un optimizador de consultas para procesar una consulta, también estima los costes involucrados en realizar una búsqueda particular y elegir la estrategia con el coste más bajo. En general, este cálculo se realiza en base a la mejor opción media, ya que un SBD gastaría mucho tiempo considerando las estrategias si buscara la mejor opción posible.

Al considerar los costos, los siguientes componentes están involucrados. Sin embargo, es difícil analizar todos los costes involucrados en un SBD, por lo que, en general, valoramos el coste de acceso a un almacenamiento secundario.

- **El coste de acceso a almacenamiento secundario:** es decir, el coste de la lectura y la escritura entre los discos y la memoria principal.
- **El coste de almacenamiento en disco:** es decir, el coste de almacenamiento de archivos intermedios generados por una consulta.
- **Coste de la informática:** es decir, el coste de procesamiento en la CPU.
- **Coste de uso de la memoria:** es decir, la cantidad de memoria que se utiliza en la ejecución de una consulta.
- **El coste de la comunicación:** es decir, el coste de enviar una consulta y de sus resultados que se almacenan en la base de datos donde se originó la consulta.

Teoría del Procesamiento de Transacciones en las bases de datos

Una transacción es una unidad lógica de procesamiento en una base de datos, incluyendo dos o más operaciones en una base de datos que obligatoriamente deben ocurrir para que toda la unidad tenga sus modificaciones establecidas de forma permanente. Si una transacción sólo recupera datos se llama una transacción de sólo lectura. De lo contrario, la transacción se llama una transacción de lectura-escritura.

Es importante establecer un control de la ejecución de la operación, ya que cuando se producen transacciones concurrentes, pueden surgir muchos problemas. Así, diversos mecanismos y herramientas se mantienen por un SBD para garantizar que las transacciones se realizan de manera eficiente.

ACID

Los métodos de concurrencia y control de un SBD deben asegurarse de que las transacciones son acordes a las propiedades ACID:

- **Atomicidad:** la transacción debe realizarse de manera integral.
- **Consistencia:** si la transacción se completa, debe pasar la base de datos de un estado consistente a otro estado consistente.
- **Aislamiento:** una transacción no debería sufrir interferencias de otras transacciones.
- **Durabilidad:** los cambios causados por una transacción completada deben persistir en la base de datos.

Modelo de estudio para las transacciones

Nosotros usamos un concepto simple para estudiar el procesamiento de transacciones. Consideraremos un ítem de datos a cualquier elemento de una base de datos que vamos a utilizar como unidad. Este ítem puede ser desde un bloque de disco, pasando por un registro, hasta un atributo de un registro. Cada ítem tendrá un nombre específico y llamamos de BD a un conjunto de ítems con nombre.

Las operaciones básicas de acceso a la BD en este modelo son:

- *read_item (nombre):* leer un ítem en la base de datos con un determinado nombre para una variable de programa.
- *write_item (nombre):* escribe el valor de una variable de programa en el ítem de la base de datos con un nombre determinado.

Registro del sistema

Para poder recuperarse de los fallos que afectan a la transacción, SBD mantiene un registro (log) para registrar todas las operaciones de transacciones que manipulan datos y otra información que permiten recuperar la información de la transacción si se produce algún fallo. El registro es un archivo secuencial, sólo de inserción, mantenido en el disco, independientemente de los fallos de base de datos. Cuando se ejecutan las transacciones, el registro almacena:

- *[Start_transaction, nombre]:* indica que una transacción "nombre" empezó a ejecutarse.
- *[Write_item, nombre, valor_antiguo, valor_nuevo]:* indica que la transacción "nombre" cambió el valor antiguo por el valor nuevo.
- *[Read_item, nombre, elemento]:* indica que la transacción "nombre" leyó el valor de "elemento" en la base de datos.
- *[Commit, nombre]:* indica que la transacción "nombre" fue completada con éxito y su efecto puede ser permanente en la base de datos.

112

- **[Abort, nombre]:** indica que la transacción "nombre" fue abortada.

Schedule

Cuando dos o más transacciones se producen al mismo tiempo, se debe establecer un orden de ejecución. Este tipo de operación es conocida como schedule.

Decimos que dos operaciones están en conflicto si pertenecen a diferentes transacciones, acceden a un mismo ítem y, por lo menos, una de las operaciones es write_item.

Por ejemplo,

Transacción 1	Transacción 2
read_item (X);	read_item (X);
read_item (X);	write_item (X);
write_item (Y);	read_item (X);

En este caso, la segunda operación de transacción 1 entra en conflicto con la operación 2. Otro tipo de conflicto que puede existir es el conflicto de lectura y escritura:

Transacción 1	Transacción 2
read_item (X);	read_item (X);
write_item (X);	read_item (Y);
write_item (Y);	read_item (X);

Aquí, la tercera operación de Transacción 2 está leyendo un valor de X modificado por Transacción 1, lo que puede generar varios problemas.

113

Un tercer tipo de conflicto se denomina conflicto de grabación:

Transacción 1	Transacción 2
read_item (X);	read_item (X);
write_item (X);	write_item (Y);
write_item (Y);	write_item (X);

En este caso, el último valor de X es grabado por Transacción 1 y posteriormente por Transacción 2.

Un schedule se considera completo si se establecen las siguientes condiciones:

- Las operaciones son exactamente la misma transacción;
- Para operaciones dentro de la misma transacción, su orden de aparición en *el* schedule debe ser el mismo;
- Para dos operaciones en conflicto, una de las dos debe producirse antes que la otra.

Sin embargo, en un sistema de transacción es prácticamente imposible encontrar un schedule completo debido a que las transacciones en curso se ejecutan en el sistema.

Concurrencia de transacciones en bases de datos

La concurrencia de transacciones es el nombre que se da cuando se producen dos o más operaciones en paralelo en un sistema de base de datos. Como las transacciones pueden entrar en conflicto mediante la manipulación de un solo elemento de una base de datos, debemos utilizar técnicas que eviten este tipo de conflicto.

Técnicas de bloqueo

Un bloqueo es una variable asociada a un ítem de datos y que describe el estado del ítem para las operaciones que se pueden realizar sobre él. En general, hay un bloqueo para cada ítem de la base de datos y el conjunto de bloqueos están sincronizados para permitir el acceso de las transacciones.

Llamamos de bloqueo binario, una variable que puede tomar dos valores (bloqueado o desbloqueado). Un ítem bloqueado se denomina de lock (nombre). Las operaciones de bloqueo y desbloqueo de un ítem son lock_item (nombre) y unlock_item (nombre). Una transacción al registrar un acceso a un ítem, solicita lock_item (nombre). Sin embargo, si lock (item)=1, la transacción debe esperar y se almacena en una cola. Pero si lock (ítem)=0, la transacción bloquea el elemento (lock (ítem) = 1) y la transacción puede manipular el ítem. Cuando termine de ejecutarse, la transacción emite unlock_item (ítem) y permite que lock (item) vuelva a ser 0 otra vez.

Deadlock (punto muerto)

Deadlock (punto muerto) en una transacción se produce cuando una transacción espera por los recursos utilizados por otra transacción, que a su vez espera por los recursos de otra. Un SBD cuenta con diferentes formas de trabajar con un deadlock.

Si el sistema se encuentra en punto muerto, el sistema (o el propio usuario) pueden detectar transacciones que provocan deadlock y abortarlas si esto no afecta a otras operaciones vitales para el sistema. Este método se conoce como la selección de las víctimas y por lo general tratan de matar a las transacciones más recientes (que han hecho pequeños cambios) en lugar de las transacciones más antiguas (que han hecho muchos cambios).

Otro mecanismo es el timeout (tiempo de espera o tiempo límite). Si una transacción espera un período más largo que en un plazo determinado, el sistema aborta la transacción, esté o no en un punto muerto. Esto se hace mediante el supuesto de que al esperar demás, la transacción probablemente entrará en un deadlock.

Starvation (inanición)

Starvartion se produce cuando una operación no puede continuar mientras que otras se ejecutan normalmente. Esto puede ocurrir si el esquema de espera fue mal ajustado o si el método de selección de la víctima mata continuamente a la misma transacción, de modo que esta no es completada.

El Administrador de Bases de Datos

El Administrador de Bases de Datos (DBA) es el profesional responsable de la instalación, administración y soporte de los SGBDs (Sistemas Gestores de Bases de Datos), asegurando siempre la seguridad, disponibilidad y eficiencia de la base de datos.

Para que todas esas tareas se puedan cumplir correctamente, es necesario un óptimo conocimiento de la arquitectura de la base de datos, experiencia y una formación sólida.

Las tareas de un DBA varían dependiendo del tipo de trabajo, de las políticas de la tecnología de la Información (TI) y de las características técnicas y potencialidades de los SGBDs que están siendo administrados.

A continuación vamos a ver algunas de esas tareas:

- Proyecto y creación de la base de datos;
- Ajuste y monitoreo de rendimiento;
- Backup y Recuperación;
- Seguridad de la base de datos;
- Integridad de datos;
- Soporte;
- Migración y actualización del SGBD;

Aun no siendo directamente uno de los deberes del DBA, la infraestructura y el modelaje lógico y físico de la base de datos, a veces, acaban formando parte del trabajo. Estas funciones son tradicionalmente de responsabilidad del administrador de sistema (SA) y del administrador de datos (DA) o del jefe de proyectos.

Proyecto físico y ajustes

Construir el diseño físico de una base de datos implica no sólo la creación de la estructura del sistema, sino también el rendimiento óptimo del sistema. Un profesional de base de datos, en este sentido, sólo puede proponer una estructura eficiente (o modificar una) si conoce la carga útil de datos, consultas, transacciones y sistemas que manipulan la base de datos. Aun cuando la base de datos sea de uso futuro, el profesional debe saber detectar esta información con el fin de garantizar una estructura integra y que demande posteriormente la menor necesidad de modificación de la infraestructura relacionada.

Análisis de consultas y transacciones en la base de datos

En la fase de la lógica conceptual para crear una base de datos, el diseñador debe diseñar una BD proyectando las principales consultas y transacciones que utilizará la base de datos. Por lo tanto, el diseñador debe tener en cuenta:

- **Las principales tablas que se utilizarán en las consultas:** el diseñador, al diseñar las tablas, debe tener en cuenta cuales son las más utilizadas, el tamaño estimado y estructurar la base de datos para satisfacer la demanda en este sentido.
- **Los principales atributos que se utilizarán para las consultas:** el diseñador debe analizar qué atributos serán los principales para ser utilizados en condiciones de consulta y, preferentemente, indexar estos atributos para agilizar el proceso de búsqueda.
- **Determinar las condiciones para la selección:** es decir, para cada tipo de consulta estimar qué operación (=, <, >, <=, >=) es menos costosa y más eficiente. En general, se evitan las condiciones que hagan búsqueda lineal.

- **Los atributos para ser traídos por una consulta:** deben ser analizados los valores deseados en cada consulta y como optimizar su recuperación para el usuario.
- **Las tablas que se pueden actualizar:** el diseñador debe estimar los tipos de usuarios que pueden acceder a las tablas y los tipos de transacciones que se llevan a cabo y el efecto de estos cambios en el sistema en general.

En base a esto, el diseñador debe estimar:

- La frecuencia con que las consultas y las transacciones se llevan a cabo;
- El tiempo en que se hace cada consulta o transacción (y si este tiempo es consistente con las posibles restricciones establecidas por la organización);
- Analizar el tiempo de cada operación de actualización;
- Los tiempos y los días de mayor carga de procesamiento en el sistema.

Tareas (Jobs)

Algunas acciones que se pueden automatizar, se pueden transformar en tareas (jobs) en un SBD. Muchos SBD permiten la configuración de las tareas para determinados días y horarios, lo que reduce la carga de procesamiento de los horarios con mayor flujo. Otras organizaciones prefieren la creación de sistemas de software que facilitan dicha automatización. Siempre que sea posible, el ABD debe estructurar las acciones automatizadas que se realizarán en los días y en las horas de menor actividad.

Indexación

Aunque la indexación es eficiente para facilitar la búsqueda (sobre todo cuando se trabaja con una condición de igualdad), su utilización a la ligera puede traer problemas de retraso en la actualización (ya que para cada actualización en un campo, se actualizará el archivo de índice de ese campo). Por lo tanto, un análisis cuidadoso debe ser establecido para el uso de la indexación:

- Un atributo que tiene un valor único y se utiliza con frecuencia en las consultas se debe indexar;
- Varios índices pueden ser usados en las operaciones que se pueden procesar solamente mediante índices, sin acceder a la base de datos (por ejemplo, una agregación de comandos en un campo indexado).

Desnormalización

Al aprender a hacer un diseño conceptual y lógico, debe aprender a realizar la normalización (es decir, la separación de asuntos en sus respectivas tablas y no contener redundancias). En algunos casos se evita la normalización para facilitar una búsqueda más eficiente. Por lo tanto, si una tabla tiene un atributo al que siempre se accede (y otras no) y otra tabla que hace la relación tiene varios campos a los que se accede puede ser eficaz incluir ese atributo en esta tabla, evitando el cruce.

Ajustes en una base de datos

Los ajustes en una base de datos son los cambios en su estructura con el fin de corregir u optimizar una estructura anterior ya implementada. En general, un ABD analizará las estadísticas periódicamente para detectar posibles fallos del sistema y proponer soluciones eficientes para su corrección.

Las consultas se pueden ajustar para reducir el acceso al disco y permitir una mayor flexibilidad en la recuperación de los resultados. Algunas estrategias son:

- Debe evitar las consultas con múltiples uniones;
- Utilice tablas temporales en consultas que utilizan las consultas anidadas y recorren toda una tabla en la

subconsulta. La tabla temporal se puede almacenar, en caso de que la información sea solicitada, y luego ser eliminada después de su uso;

- Algunos SBD pueden tener procesamientos diferentes según el orden en el que las tablas se colocan después del FROM. En estos casos, si es posible, poner la tabla con menos registros en primer lugar;
- Evite, en lo posible, el uso de comparaciones con cadenas. Como las cadenas son comparaciones carácter por carácter, el procesamiento puede llevar mucho tiempo;
- En algunos casos, una condición OR no hace uso de los índices. Por lo tanto, puede ser más eficiente crear dos SELECTS, mediante índices, uniéndolos con UNIÓN.

Los índices deben ser examinados y revisados según convenga. Algunas consultas pueden estar teniendo un tiempo de procesamiento demasiado largo debido a la falta de indexación, algunos índices no pueden utilizarse con determinados ratios y pueden estar en un campo con muchos cambios, lo que podría causar retrasos en el proceso de actualizar un registro. Por lo tanto, un análisis continuo de la utilización de los índices del sistema puede aportar correcciones que benefician al sistema global.

En algunos casos puede ser necesario el ajuste del diseño de base de datos. Esto puede hacerse de varias maneras, entre las más importantes: si se accede a un conjunto de datos con frecuencia, puede ser útil crear una tabla separada con estos datos. Si una tabla tiene un atributo al que siempre se accede (mientras que otros no lo hacen) y otra tabla que hace la relación tiene varios campos a los que se accede, puede ser eficiente incluir ese atributo en esta tabla, evitando la unión (desnormalización). Es importante, sin embargo, evitar en la medida de lo posible este tipo de ajuste, por un impacto directo en los sistemas que utilizan la base de datos y que puede ocasionar pérdidas si no está bien diseñado.

Open Database Connectivity (ODBC)

Open Database Connectivity (ODBC) es el nombre de una API estándar para acceder al SBD. Su objetivo es asegurar que los diversos lenguajes de programación pueden acceder a una base de datos sin necesidad de codificación adicional en cada lengua o sistema operativo. Por lo tanto, el ODBC sirve como un traductor entre una determinada aplicación en un lenguaje de programación específico y la base de datos.

Historia de ODBC

Los primeros sistemas de bases de datos poseían sus propios métodos de acceso a datos conforme al fabricante del sistema. En general, la mayoría de los sistemas de archivos implican la manipulación y el acceso a datos a través de comandos simples, pero cada uno tenía su método de organización de desarrollo de estos mecanismos. Con la aparición de SQL en la década de 1970, fue posible estandarizar el método de acceso a los datos: ahora no sería necesario que una persona aprenda un montón de código para manejar un sistema dado. Basta con que el SBD estandarice sus órdenes para aceptar entradas de código SQL, independientemente de cómo el SBD fue desarrollado.

SQL, por ser un lenguaje de consulta, siempre tuvo recursos de programación rudimentarios y limitados. De esta limitación surgió la idea del SQL incrustado: un determinado programa es escrito en un lenguaje apropiado (como C, VB, Fortran, etc.) y el código SQL es incrustado dentro del código fuente (por lo general en una cadena de texto), devolviendo una respuesta después de la consulta que puede ser utilizada por el programa. Este método, sin embargo, se encontró con varias dificultades. En la década de 1980, un gran número de organizaciones se esforzó por lograr la normalización, en lo que se conoció como SQL Access Group (SAG). Entre los proyectos originales en las discusiones había una propuesta de Microsoft que no fue aceptada en su totalidad por el grupo pero cuyo desarrollo por la empresa continuó, lo que culminó con el lanzamiento en 1991 de la propuesta de norma, que en 1992 cambio su nombre a ODBC. A partir de entonces, el modelo también se utilizó en entornos Windows, convirtiéndose en un estándar de la industria.

Estructura

ODBC tiene como objetivo permitir que las aplicaciones accedan a una base de datos del sistema de gestión de datos (SBD), sin la necesidad de reconocer la tecnología y las particularidades específicas de ese SBD. Para esto el ODBC proporciona un conjunto de llamadas a funciones estandarizadas que permiten que una aplicación se conecte a un SBD, ejecute las sentencias SQL y recupere resultados. Lógicamente, a pesar de ser un estándar, cada organización tiene una forma de aplicar el estándar ODBC según su conveniencia, con la implementación de algunas de las funciones o la aplicación de otras funciones que no son parte de la estandarización. Así, el ODBC está dividido en niveles: la API núcleo son las funciones básicas y simples para ser implementadas. La adición de algunas funciones más complejas forma la API de nivel 2, en cuanto a la especificación completa forma el nivel 3. Por otra parte, también consideramos el lenguaje SQL bajo esta óptica: hay un SQL mínimo, un SQL extendido y el núcleo de SQL. Un driver puede ser compatible con un nivel específico de API de ODBC y de SQL, siendo necesario que el desarrollador lea las especificaciones del driver que desea utilizar.

La arquitectura ODBC se divide en cuatro componentes:

- Aplicación - (Hoja de cálculo, procesadores de texto, lenguajes de programación, etc.) que realiza el procesamiento y recibe / envía instrucciones SQL al administrador de controladores (Driver Manager).
- Administrador de controladores - librería de enlace dinámico (DLL) que carga los drivers necesarios para que la aplicación acceda a la base de datos, direccionando las llamadas de funciones ODBC al driver correcto.
- Driver - una DLL que recibe las llamadas desde el administrador de controladores (Driver Manager), procesando las llamadas de función ODBC. El driver que se conecta al SBD,

realizando las solicitudes y enviando los datos solicitados por el Administrador de controladores en el lenguaje apropiado de la fuente de datos. Si el SBD en cuestión no procesa SQL, el driver debe hacer la conversión necesaria.

- Fuente de datos - consiste en el propio SBD del sistema operativo donde se ejecuta el SGBD y de la red (si se utiliza) para acceder a la base de datos.

Conceptos iniciales y acceso a través de la línea de comandos en SQLite

SQLite es el nombre dado a un SBD de código abierto cuya principal diferencia es que en lugar de ser un SBD estándar, está contenido en una biblioteca escrita en lenguaje C. Un SBD clásico es un programa que crea y gestiona los datos de una base de datos al que se accede externamente por programas que requieren este tipo de datos. SQLite, sin embargo, no es un programa, sino una biblioteca de código que implementa una base de datos y es manipulada por el programa mediante llamadas a funciones. SQLite no requiere instalación, basta con integrarlo de forma convencional como una biblioteca de código escrito para el programa, lo que permite incorporarlo al sistema. Esto es especialmente útil cuando tenemos que entregar sistemas con bases de datos pero no hay ninguna posibilidad de organizar un servidor de bases de datos para acceso.

Por estas razones y por su tamaño relativamente pequeño, SQLite se utiliza en la mayoría de las aplicaciones que requieren almacenar y acceder a datos de manera rápida, pero no pueden acceder a una base de datos externa (por varias razones, incluyendo la velocidad y la conveniencia) como: navegadores, clientes de correo electrónico, smartphones (Android), los sitios web, los programas que necesitan almacenar datos temporales y etc. SQLite es también una buena opción para aquellos que quieran utilizar un SBD simple para la enseñanza de bases de datos. No se recomienda su uso para aplicaciones cliente / servidor, los programas y sitios web que necesitan llevar a cabo un gran número de transacciones o que requieren un alto nivel de concurrencia.

Instalación

Como se mencionó anteriormente, SQLite no requiere instalación. Sólo tiene que hacer una copia en la biblioteca http://www.sqlite.org/download.html. En esta página, descargue el archivo sqlite-amalgation en Source Code. Posteriormente, de acuerdo con su sistema operativo, puede descargar el Shell para acceder y manipular SQLite sin la aplicación de la que será parte y del Analyzer un programa de análisis de los archivos de las bases de datos. La recomendación es crear una carpeta con el nombre sqlite y descomprimir todos los archivos dentro de la carpeta.

Acceso a SQLite a través de línea de comandos

A SQLite se puede acceder directamente, sin estar vinculado a un programa, usando una pequeña utilidad de línea de comandos llamada sqlite3 (sqlite3.exe en Windows) que permite ejecutar comandos SQL. Para iniciar el programa sqlite3, debe introducir el directorio donde está sqlite3 a través de línea de comandos y escribir "sqlite3" seguido del nombre de la base de datos a la que se debe acceder con la extensión .db. Por ejemplo, si queremos crear o acceder a una base de datos llamada test.db utilizamos:

sqlite3 test.db

Y tecleamos ENTER. Si no existe la base de datos, se crea. Si ya existe la base de datos, se abrirá y en la línea de comandos aparecerá un mensaje del sistema introductorio:

$ Sqlite3 test.db </ p> SQLite versión 3.6.11
Enter ". Ayuda" para obtener instrucciones
Introduzca sentencias SQL terminando con un ";"
sqlite>

Ahora puede insertar comandos SQL estándar. SQLite es compatible con los comandos para crear, eliminar y actualizar las tablas, así como comandos de consulta, triggers y similares. Si desea acceder al sistema de ayuda, debe escribir .help. Además de .help, SQLite tiene varios comandos internos a los que se accede mediante .nombre de código. La lista de funciones está bien documentada.

Bases de datos distribuidas

Base de datos distribuida (BDD) es un conjunto de dos o más sistemas de bases de datos, no necesariamente homogéneos, lógicamente interrelacionados e integrados mediante una red de ordenadores, caracterizando un sistema distribuido. Mientras que las empresas y organizaciones con sistemas pequeños o medianos utilizan una sola base de datos, las grandes empresas pueden requerir sistemas de BDD para tratar todas sus complejidades transaccionales, lo que conlleva la división en partes descentralizadas más pequeñas, más fáciles de ser gestionadas.

No hay soluciones nativas para BDDs, lo más común es que los fabricantes de SBD comunes permitan a sus productos adaptarse a las características de los sistemas distribuidos.

Características de un sistema de BDD

Los nodos de una BDD deben estar conectados por una red de ordenadores que permitan la transmisión de datos. Esta integración puede hacerse mediante una LAN o WAN. En este sentido, la topología de red implementada en un sistema de BDD puede afectar directamente el rendimiento de este tipo de base.

La conexión entre los nodos debe permitir que el BDD sea manipulado de una manera estandarizada. Esto significa que debemos tener datos lógicamente relacionados pero no hay necesidad de que los datos, hardware y software sean homogéneos (es decir, iguales). Por otra parte, este tipo de sistema debe ser capaz de proporcionar transparencia, es decir, ocultar los detalles de implementación al usuario final, de modo que este piense que es un sistema único de gran tamaño.

Replicación y datos de la fragmentación

En una base de datos distribuida, los archivos pueden ser replicados o fragmentados, y los dos modelos pueden estar contenidos en el mismo sistema de BDD. Los archivos replicados tienen una copia de cada uno de los datos en cada nodo, haciendo las bases iguales. La replicación de los datos puede ser síncrona o asíncrona. En el caso de la replicación síncrona, la transacción se da como completa cuando todos los nodos confirman que la transacción local se ha realizado correctamente. En la replicación asíncrona, el nodo maestro realiza la transacción enviando confirmación al solicitante y a continuación, reenvía la transacción a los otros nodos. En la fragmentación, los datos se dividen en todo el sistema, es decir, en cada nodo hay una base de datos diferente localmente pero los datos se ven de manera única a nivel global.

Proyecto y creación de la base de datos

Una de las tareas del DBA es la de proyectar la base de datos con el objetivo de obtener el máximo de performance, escalabilidad, flexibilidad y confiabilidad. En la fase inicial del proyecto se define la estructura de la base de datos, teniendo en consideración la toma de requisitos. El esquema desarrollado en esa etapa se llama proyecto conceptual.

En la fase de proyecto lógico, el esquema conceptual de alto nivel es mapeado hacia el modelo de implementación de datos del SGBD que será usado.

En el proyecto físico es necesario, además de las técnicas anteriormente citadas, tener un conocimiento más profundo sobre el SGBD que será utilizado para crear la base de datos. El DBA debe establecer las reglas para el ciclo de vida de los datos almacenados, a fin de evitar el crecimiento exagerado de la base de datos, que puede comprometer su rendimiento, además de ocupar innecesariamente espacio en disco.

Ajuste y monitoreo de rendimiento

El DBA debe de verificar que la base de datos es rápida y que la performance del servidor no afectará negativamente a su disponibilidad y usabilidad. El ajuste de la base de datos es un trabajo que exige ser sensato y tener y experiencia. Existen algunas reglas generales, pero muchas son aprendidas con el uso, en la base de la tentativa y error.

El ajuste de una base de datos se puede dividir en cuatro partes:

- **Proyecto**: El proyecto lógico de una base de datos apenas elaborado dará como resultado, obviamente, un proyecto físico mal elaborado, lo que generalmente degradará el rendimiento. No espere a que su aplicación esté en producción para ajustar el modelo. Ningún dinero gastado en máquinas puede reparar un rendimiento pobre causado por un proyecto lógico mal elaborado.
- **Sistema Operativo**: El sistema operativo debe ser ajustado de acuerdo con la documentación del fabricante. Para plataformas Windows, los ajustes default son generalmente suficientes. Mientras que en las plataformas Solaris y Linux necesitan una configuración especial.
- **Base de Datos**: El ajuste de la base de datos comprende la memoria alojada, el uso del disco, CPU, E/S y los procesos de la base de datos. También comprende la gestión y la manipulación de la estructura, tal como el design y el layout de las tablas y de los índices. Además de eso, el tunning de la base de datos envuelve casi siempre la modificación de la arquitectura a fin de optimizar el uso de los recursos de hardware disponibles.
- **Aplicación**: El ajuste de la aplicación está directamente relacionado a los códigos SQL almacenados en los sistemas. El objetivo de esos ajustes es hacer que los comandos SQLs accedan de manera eficiente a la base de datos.

Backup y Recuperación

Para muchos profesionales de TI, la tarea más importante del DBA es mantener la disponibilidad de la base: ¿ de qué sirve tener una base de datos grande y funcional si la mitad del tiempo esta está inaccesible"

Una buena arquitectura de backup y de recuperación debe incluir un plan de prevención de desastres, procedimientos y herramientas que nos den soporte en la recuperación, además de procedimientos y estándares para realizarla.

Hay dos tipos de backup: los backups físicos y los backups lógicos. Los backups físicos es la operación en la que los archivos físicos de la base de datos se copian en un medio cualquiera, generalmente discos duros externos de backup que tienen una gran capacidad de almacenamiento y que "físicamente" podrán ser repuestos en cualquier momento. Mientras que el backup lógico se realiza a través de una utilidad de la propia base de datos, responsable por leer las tablas/tablespaces indicadas y grabarlas en otro lugar.

Es importante tener en cuenta que el backup debe estar almacenado en otro servidor diferente, evitando así ser alcanzado en caso de una catástrofe (incendio, inundación, entre otras).

Almacenamiento de Datos

Se han creado muchas formas de maximizar la seguridad en base a las nuevas tecnologías, hardwares y métodos de soporte a los procesos de backup y recuperación, tales como:

- **Clustering**: También conocido como Cluster, puede ser definido como un sistema donde dos o más ordenadores trabajan de manera conjunta para realizar procesamientos pesados. Los ordenadores dividen las tareas de procesamiento y trabajan como si fueran un único ordenador. Este es diseñado de tal forma que en el fallo en uno de los componentes sea transparente a los usuarios.
- **Mirrored (espejo):** Los discos están en espejo, es decir, se realiza una copia exacta de cada uno en servidores diferentes. En caso de fallo o pérdida de un disco, el otro asume enteramente el rol hasta la sustitución del disco con

problemas. Tiene como ventaja no gastar tiempo en restaurar la copia, ya que sucede en tiempo real, pero necesita de backup en caso de fallo en los datos del servidor principal. Es necesario tener por lo menos dos servidores.

- **Device Parity Protection:** La protección de paridad tiene la tecnología similar a la del RAID-5 (redundant array of independent disks). Esta permite el mantenimiento concurrente cuando hay un fallo en uno de los discos, ya que divide toda la información que llega y la distribuye de un modo idéntico en todos los discos. Merece la pena recordar que esa tecnología no sustituye a la estrategia de backup y recovery. La protección de paridad puede impedir que su sistema se pare cuando suceden determinados tipos de fallos. Puede disminuir el tiempo de recuperación para determinados tipos de fallos. Sin embargo no protege de otros muchos tipos de fallos, tales como un desastre local o un error del operador o del programador.

- **Dual System:** Dos sistemas, donde uno de ellos (primario) actualiza constantemente el otro (secundario), permitiendo así la existencia de una base de datos duplicada y actualizada. Cuando el sistema primario falla, el sistema secundario asume su rol. Es una técnica semejante al mirrored.

- **Contingencia:** Modelo de proceso que tiene como objetivo implementar las medidas para garantizar la disponibilidad de los principales servicios y la continuidad de los negocios vitales de la compañía en situaciones de desastre o contingencia. En caso de necesidad, todo sistema puede ser transferido hacia una instalación contratada a un proveedor de servicios de contingencia (datacenter). Ese cambio envuelve la conmutación de los links de comunicación entre la web de contingencia y todas las filiales del cliente.

Tipos de Backups

- **Copia simple**: el backup es llamado de simple cuando no envuelve la compresión de datos;
- **Normal**: consiste en almacenar todo lo que fue solicitado, pudiendo ser realizada la compresión de los datos o no. Este método también es llamado de backup completo cuando son grabadas todas las informaciones existentes en la base. La desventaja de ese método es que se gasta mucho tiempo y espacio en los medios de almacenaje;
- **Diferencial**: sólo se realiza después de un backup completo. Se graban las diferencias entre los datos grabados en el último backup completo.

Administración de la Base de Datos

Entendiendo cómo funciona la organización física de una base de datos.

Cuando creamos una base de datos, el SQL Server hace una pre-asignación de espacio, segmentando la base de datos en páginas de 8kb, numeradas secuencialmente. Cada conjunto de ocho páginas contiguas forman una unidad lógica mayor denominada extensión (extent). Una tabla nace en una extent mixta y crece en extents uniformes, por cuestión de optimización de espacio.

Cuando una tabla es creada, el SQL Server hace una consulta en las páginas que controlan extents mixtas para obtener una dirección de extent con espacio disponible. De la misma manera, cuando esa tabla necesita expandirse será efectuada una búsqueda en las páginas que controlan extents uniformes para obtener la dirección de una extent libre (estamos hablando de páginas GAM y SGAM respectivamente).

- GAM: Global Allocation Map
- SGAM: Shared Global Allocation Map

- Las páginas GAM controlan la asignación de extents uniformes;
- Páginas SGAM controlan la asignación de extents mixtas.

Esas páginas son creadas en el momento de la "demarcación" de la base de datos, que acontece en su creación o en el momento de la expansión.

En una base de datos, la tercera página estará siempre ocupada por una página GAM y la cuarta por una SGAM, estas son responsables de gestionar las próximas 64.000 extents. La página

GAM utiliza un bit para informar si la próxima extent está libre o no; como existen 8.000 bytes libres en una página, y cada byte controla 8 extents secuenciales, llegamos al resultado de 64.000 extents controladas por una página GAM.

Por lo tanto, el duo de páginas GAM/SGAM controlan hasta 4GB de datos (64.000 * 64KB) (64 KB es el tamaño de una extent). Si usted crea una base de datos de 5GB, se encontrará con 2 páginas GAM; la primera será la página número 3 y la segunda vendrá después de aproximadamente 64.000 * 8 = 512.000 páginas (en realidad, 511.232, ya que se descuentan 97 bytes de cada página para el control interno). El mismo criterio vale para las páginas SGAM, ocupando las posiciones del número 4 y 511.233.

Pag 0 Header de la Base de datos	Pag 1 PFS	Pag 2 GAM	Pag 3 SGAM		Pag 8088 PFS		Pag 16176 PFS		Pag 511232 GAM	Pag 511233 SGAM

Además de administrar extents con páginas GAM/SGAM, existe un control adicional, informando si la página está o no asignada y su porcentaje de utilización. Ese control es ejercido por las páginas con el anacrónimo PFS, de Page Free Space. Cada página PFS controla 8.088 páginas contiguas en una base de datos. La primera página PFS es la del número 1, luego después del header de la base de datos, representada por la página 0. Como muestra la Figura de arriba.

Existe un control utilizado para gestionar las extent utilizadas por heaps e índices, suministrado por las páginas IBAN (Index Allocation Map). Una página IBAN controla 512.000 páginas de una tabla. Diferentemente de las páginas GAM, SGAM y PFS que son demarcadas en la creación y/o modificación de tamaño de la base de datos, las páginas IBAN están asignadas aleatoriamente (= "on demand") a medida que la tabla (o índice crece). Las páginas IBAN se utilizan en conjunto con las páginas PFS para orientar la base de datos en las inclusiones.

Así, cuando sucede un insert en una heap y la página actual ya se encuentra totalmente llena, se efectua una búsqueda conjunta en las páginas IBAN y PFS para determinar una página ya perteneciente a esa tabla para acomodar la inserción. Si no encuentra espacio en las páginas PFS, se efectuará una petición en la página GAM para una nueva extent.

Observación: las tablas con índices cluster no se orientan en base a las páginas IBAN, ya que las inserciones no están basadas en la teoría de "donde existe espacio", sino en la clave del índice cluster.

Visualizando la organización física de una base de datos.

Comando: dbcc checkalloc

```
***************************************************************
***
Table sys.sysrscols Object ID 3.
Index ID 1, partition ID 196608, alloc unit ID 196608 (type In-
row data). FirstIAM (1:2261). Root (1:80). Dpages 0.
Index ID 1, partition ID 196608, alloc unit ID 196608 (type In-
row data).
75 pages used in 9 dedicated extents.
Total number of extents is 9.
***************************************************************
***
```

Filegroups

Los Filegroups son estructuras lógicas que sostienen los archivos de datos en una base de datos. Una base de datos estándar tiene un archivo de datos y un archivo de log; el archivo de datos está asociado a un filegroup llamado PRIMARY. Se pueden crear otros archivos de datos así como otros filegroups, pero ¿Por qué, cómo y cuándo crear otros filegroups"

Arquitectura de una base de datos

A pesar del nombre singular, una base de datos es una estructura formada por por lo menos dos archivos: uno para el almacenamiento de datos (Master Data File, extensión .MDF) y otro reservado para el log de las transacciones (Log Data File, extensión .LDF). Vea la Figura 1.

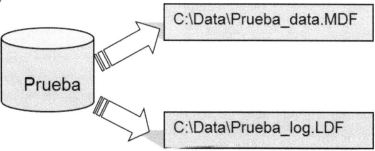

Además de los archivos .MDF y .LDF, es posible crear otros archivos para el almacenamiento de datos. Estos archivos secundarios tienen la extensión .NDF, de Secondary Data Files y se pueden crear en el mismo filegroup del archivo .MDF (PRIMARY) o en otro filegroup.

La decisión de utilizar el mismo filegroup o crear uno nuevo depende de la finalidad del archivo secundario. A continuación veremos algunas situaciones cuya resolución se basa en la implementación de filegroups.

El archivo de datos principal alcanzó un tamaño que extrapola la capacidad de la unidad de almacenamiento (disco externo o cinta DLT) utilizada en el backup. Ese problema se puede resolver con la reasignación de tablas en otro filegroup, distribuyendo el backup final en partes más pequeñas que no sobrepasen la capacidad del disco externo. En ese caso, se debe crear otro filegroup para almacenar el archivo secundario.

Usted necesita crear una base de datos con un tamaño inicial de 35GB, pero no tiene ese espacio en una única unidad de disco. La distribución es la siguiente: 20GB en la unidad C y 15GB en la unidad D. ¿Cuál es la solución" Cree un Master Data File con 15GB en C y un Secondary Data File con 20GB en D. Los dos archivos constituirán una unidad única de gestión de espacio. El archivo secundario creado en la unidad D será vista por el SQL Server como una extensión natural del archivo primario. En esos casos, el archivo secundario se deberá crear en el mismo filegroup del archivo que se desea expandir (PRIMARY).

Usted puede mejorar la performance de una base de datos creando índices y tablas en filegroups diferentes, localizados en unidades y controladores específicos. Si las páginas de datos de las tablas se almacenans en unidades diferentes de aquella utilizada para los índices (por ejemplo C y D), las búsquedas que utilizan índices se verán beneficiadas por las lecturas ejecutadas en paralelo. En ese caso, se debe crear otro filegroup para almacenar el archivo secundario.

La Figura 2 es un retrato de una base de datos que utiliza archivos secundarios para el almacenamiento de datos.

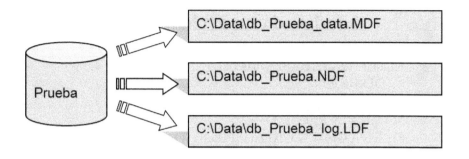

C:\Data\db_Prueba_data.MDF

C:\Data\db_Prueba.NDF

Prueba

C:\Data\db_Prueba_log.LDF

Creando una base de datos a través de mandos T-SQL

```
CREATE DATABASE [Prueba] ON PRIMARY
(
NAME =  N'Prueba_Data',
FILENAME = N'c:\Data\Prueba_Data.MDF',
SIZE = 1,
FILEGROWTH = 15%
)
LOG ON
(
NAME = N'Prueba_Log',
FILENAME = N'c:\Data\Prueba_Log.LDF',
SIZE = 1,
FILEGROWTH = 15%
)
```

En el ejemplo anterior, creamos la base de datos Prueba_Data en el filegroup PRIMARY representado por c:\Data\Prueba_data.MDF. la base de datos también tiene un archivo de Log en c:\Data\Prueba_Log.LDF, pero todavía no creamos archivos secundarios.

Añadiendo un archivo secundario

```
ALTER DATABASE [Prueba]
  ADD FILE
(
NAME = N'Prueba_Data2',
FILENAME = N'C:\Data\Prueba_Data2.NDF',
SIZE = 1,
FILEGROWTH = 15%
) TO FILEGROUP [PRIMARY]

CREATE DATABASE Ejemplo
ON PRIMARY
( NAME = ejemplo_primaria,
  FILENAME = 'C:\Datossql\ejemplo\ejemplo_primaria.mdf',
  SIZE = 10,
  MAXSIZE = 50,
  FILEGROWTH = 15%),
( NAME = ejemplo_sec1,
  FILENAME = 'C:\Datossql\ejemplo\ejemplo_sec1.ndf',
  SIZE = 10,
  MAXSIZE = 50,
  FILEGROWTH = 20%),
FILEGROUP VentasGroup1  --File grupo secundario
( NAME = ejemplo_sec2,
  FILENAME = 'C:\Datossql\ejemplo\ejemplo_sec2.ndf',
  SIZE = 10,
  MAXSIZE = 50,
  FILEGROWTH = 10%),

( NAME = ejemplo_sec3,
  FILENAME = 'C:\Datossql\ejemplo\ejemplo_sec3.ndf',
  SIZE = 10,
  MAXSIZE = 50,
  FILEGROWTH = 20%),
FILEGROUP VentasGroup2  --segundo filegroup
( NAME = ejemplo_sec4,
```

```
          FILENAME = 'C:\Datossql\ejemplo\ejemplo_sec4.ndf',
          SIZE = 10,
          MAXSIZE = 50,
          FILEGROWTH = 10%),
( NAME = ejemplo_sec5,
          FILENAME = 'C:\Datossql\ejemplo\ejemplo_sec5.ndf',
          SIZE = 10,
          MAXSIZE = 50,
          FILEGROWTH = 20%)
LOG ON
( NAME = ejemplo_log,
          FILENAME = 'C:\Datossql\ejemplo\ejemplo_lo.ldf',
          SIZE = 8MB,
          MAXSIZE = 32MB,
          FILEGROWTH = 4MB)
```

Conclusión

En el SQL Server tenemos el concepto de Filegroup. Este concepto muchas veces no se utiliza en la práctica por falta de comprensión de lo que este significa, de cómo puede ser utilizado y cuáles son las ventajas en utilizar filegroups.

La utilización de un filegroup permite que los archivos de una Base de Datos sean agrupados para facilitar la gestión, así como la distribución a lo largo de volúmenes redundantes y de mejor rendimiento (RAID-0, RAID-1, etc.). La utilización de filegroup puede ser un soporte valioso en la mejoría del rendimiento de una Base de Datos, al permitir que la Base de Datos (a través de sus diversos archivos) sea creada en múltiples discos, múltiples controladoras o en sistemas del tipo RAID. También podemos hacer que una tabla o índice sea creada en un disco específico, simplemente asociando la tabla o índice con un filegroup

Seguridad en las Bases de Datos

El capítulo abordará la seguridad en base de datos, informando los principales conceptos que envuelven el asunto. En este capítulo veremos algunos tipos de seguridad que existen actualmente, y también una solución para un problema corriente que son las inyecciones de SQL.

Hablaremos sobre las cuentas de usuarios, las concesiones de privilegios y revocaciones de los mismos, realizados por el DBA (administrador de base de datos) responsable de toda la seguridad y confiabilidad del sistema de datos. La criptografía, es una buena alternativa para la protección de datos y para el mantenimiento del sigilo de la información. Y por fin, la importancia de hacer el backup de la base de datos.

El principal objetivo de este capítulo es comprender el conocimiento en seguridad de base de datos, un punto de gran importancia para cualquier empresa que desea mantener la integridad, la disponibilidad y la confidencialidad de sus datos, ya que es el cimiento para crecer en el mercado que cada vez es más competitivo.

Como un sistema de información, una base de datos debe ofrecer diversos mecanismos de seguridad. Una base de datos por lo general almacena la información esencial de una organización, tanto sobre su negocio como su estructura. Esto significa que el sistema debe ser manipulado adecuadamente para asegurarse que no sufre ningún tipo de fallo o mal uso.

Objetivos de seguridad

Los objetivos de seguridad se clasifican en tres principios:
• **Integridad**: propiedad que asegura que la información esté protegida contra la modificación incorrecta.
• **Disponibilidad**: propiedad que asegura que la información está

siempre disponible para su uso legítimo, es decir, para aquellos usuarios autorizados por el titular de la información.

• **Confidencialidad**: propiedad que limita el acceso a la información a las entidades autorizadas por el titular de la información.

De esta manera, la base de datos está incluida en una seguridad más general que se ocupa de los recursos computacionales de una organización. Un programa que se ocupa de la seguridad de los datos, debe incluir tanto la tecnología en sí misma como las personas y los procesos que lo utilizan.

Política de seguridad

La creación de una política de seguridad es esencial para garantizar la protección de los recursos de una organización, además de permitir una integración eficiente en el uso de diferentes sistemas, con lo que no se produzcan conflictos en el uso del sistema. Debe existir una documentación central que defina el modo en como los sistemas informáticos son implementados y las condiciones de uso. Esto afecta directamente a la seguridad de una base de datos.

Principales tipos de riesgos en las bases de datos

Los principales tipos de riesgos son dos:

- Intencional: son aquellos en los que hay un elemento humano que actúa de mala fe. Esto incluye el fraude de valores, vandalismo, sabotaje, robo, etc.
- No intencional: son aquellos en los que no hay intención de mala fe:
- En funcionamiento: son los causados por un manejo inadecuado del sistema. Esto incluye la falta de comunicación, error de transporte, el uso inadecuado del sistema, etc.
- Natural: son los causados por fenómenos naturales. Incluye la lluvia, terremotos, el exceso de calor, etc.

- Ambiental: son las causadas por el medio ambiente. Incluye la contaminación, problemas de iluminación, etc.
- Sensibilidad de los datos

Los datos de una base de datos poseen una medida de importancia dada por su propietario y que determinan su necesidad de protección.

Los principales niveles son:

- Público: información que, si se revela, no afecta a la organización.
- Interno: información cuyo acceso externo debe ser evitado, sólo ciertos empleados tienen acceso.
- Confidencial: valores de datos a los que no se puede acceder externamente y el acceso se debe permitir. En el caso de que se produzca un acceso no autorizado este puede ocasionar pérdidas financieras o de competitividad.
- Secreto: la información no puede ser accesible externa o internamente, salvo para las personas que realmente necesitan trabajar con ella. El acceso no autorizado puede ser crítico para la organización.

Control de acceso a una base de datos

El ABD es el único profesional que debe poseer la cuenta con mayor acceso a la base de datos, y debe, cuando sea posible, evitar que incluso los directores de una organización tengan este tipo de permiso. Siendo el ABD responsable de la seguridad del sistema, debe ser responsable de recibir las solicitudes de permiso de acceso y sobre la base de su análisis, crear y revocar cuentas, establecer privilegios y asignar el nivel de seguridad requerido. La mayoría de los usuarios habituales no requieren el uso directo de la base de datos, pues la manipulan a través de una aplicación común. Sin embargo, para otros tipos de usuario, es necesario que el ABD establezca inicios de sesión y contraseñas que no se puedan modificar, y que las políticas de seguridad de la organización garanticen que no pueda haber intercambio de nombres de usuario y contraseñas.

Si el ABD pertenece a la organización, su nombre de usuario y la contraseña deben ser escritos y almacenados en una ubicación segura, para acceso por los superiores en caso de ausencia del ABD (renuncia, fallecimiento, etc.) para manipular el sistema, debiendo ser cambiados después. La política de seguridad debe ser eficaz para prevenir que un ABD cambie el inicio de sesión y una contraseña con el propósito de perjudicar a la organización. Si el ABD no pertenece a la organización, se recomienda que un miembro de la organización tenga permiso completo, mientras que el ABD externo tenga un permiso inferior, incluso si tiene la mayor parte de los derechos necesarios para prestar su servicio.

Un ABD también puede controlar las acciones de un usuario en particular en la base de datos. Como es necesario un usuario para conectarse a la base de datos, el usuario se almacena en el sistema. Podemos ampliar el registro del sistema para almacenar no sólo la modificación realizada sobre la base de datos, sino también el número de identificación del usuario y el equipo utilizado para realizar el cambio. Si hay sospecha de manipulación en la base de datos, se puede realizar una auditoría y analizar el registro del sistema.

Los tópicos que veremos a continuación están relacionados con la seguridad en la base de datos, que está divido en un tópico principal y tres más (3) subtópicos.

Los principios de la seguridad de la información

A continuación veremos los tres principios de la seguridad de la información, explicando así sus conceptos correspondientes.

Control de redundancia

La redundancia se caracteriza por contener una información de forma duplicada. El control de redundancia por su parte, no permite insertar dos registros con la misma clave primaria o eliminar algún registro que esté relacionado con otras tablas, para que así no haya inconsistencia de datos. Pero para eso, el SGBD (Sistema Gestor de Base de Datos) debe ofrecer este recurso.

Control de competencia

Cuando se ejecutan las transacciones SQL concurrentemente, es decir, a la vez, puede haber una violación en la consistencia de la base de datos, aunque cada operación se haya realizado individualmente correcta.

Hoy, los sistemas desarrollados utilizan la multiprogramación, esto nos permite la ejecución de transacciones teniendo como objetivo el reparto del procesador. Por eso, existe la necesidad de controlar la interacción de esas transacciones, a través del control de competencia, por medio de mecanismos especializados.

Restricciones de integridad

Las restricciones de integridad sirven exactamente para evitar daños accidentales en una Base de Datos, garantizando así que las modificaciones realizadas por usuarios autorizados no den como resultado en la inconsistencia de datos.

Otra utilización es asegurar que un valor que está en una relación de un conjunto de atributos también esté para cierto conjunto de atributos en otra relación.

Tipos de seguridad

La seguridad en bases de datos es un tema muy extenso, que envuelve algunas cuestiones:

- Cuestiones legales y éticas referentes al acceso a ciertas informaciones, cuales son clasificadas como privadas, y cuáles pueden ser sólo accedidas por personas autorizadas.
- Cuestiones del sistema, por ejemplo, si las funciones de seguridad deben estar implementadas en el nivel de hardware, nivel de sistema o en el nivel de SGBD. Donde también existen clasificaciones sobre la importancia de los datos - altamente secreto, secreto, no secreto.

Existen amenazas a los bases de datos que acaban en la pérdida de los siguientes itens: integridad, disponibilidad y confiabilidad.

La integridad de la base de datos se refiere a la exigencia de que la información esté asegurada de modificaciones impropias, incluyendo la creación, la inclusión, la modificación y la eliminación. Si ocurre una pérdida de la integridad de los datos y no esta no se corrige, pueden causar imprecisión, dando como resultado final la toma de decisiones equivocadas.

La disponibilidad de los datos es esencial, ya que se encarga de hacer que los objetos estén siempre disponibles para el usuario o para el software que tenga derecho de acceso a estos.

La confiabilidad está conectada a la protección de los datos, es algo importantísimo, ya que la exposición de ciertas informaciones puede tener como consecuencias la mala imagen de los envueltos, la pérdida de la confianza o en una acción contra la institución o empresa.

En este contexto, para proteger la base de datos contra esas amenazas, el SBGD debe ofrecer mecanismos que restrinja a usuarios o grupos el acceso a partes específicas de una base de datos. Todo eso es de gran importancia cuando se tiene un gran volumen de datos a los que se acceden, por muchos usuarios diferentes que existan en una organización. Actualmente se utilizan dos tipos de mecanismos de seguridad, estos son:

- Mecanismos de acceso discrecional: utilizados para conceder privilegios a usuarios (lectura, inclusión, eliminación y actualización).
- Mecanismos de acceso obligatorio: implementados para establecer niveles de acceso clasificando los datos y los usuarios, basándose en el concepto de roles y conforme a las políticas de seguridad de la empresa.

La seguridad y el DBA

El administrador de base de datos (DBA) es la autoridad máxima, donde sus funciones son incluir la concesión de privilegios, clasificación de usuarios y datos de acuerdo a las políticas de acceso de la empresa.

También conocido como superusuario, el DBA concede y revoca privilegios a usuarios específicos y/o a grupos de usuarios, tecleando comandos para las siguientes situaciones:

- Creación de cuentas: crea cuentas para nuevos usuarios o grupos para así habilitar el acceso a la base de datps.
- Concesión de privilegios: es la acción en la que se conceden nuevos privilegios a determinadas cuentas.
- Revocación de privilegios: consiste en cancelar ciertos privilegios antes concedidos a algunas cuentas.
- De esa forma, el DBA es el responsable de garantizar que los datos estén seguros de cualquier amenaza externa.

Cuentas de Usuario

Las cuentas de usuario son creadas por el DBA, para que una persona o grupo pueda tener acceso a la base de datos, pero sólo serán creadas si realmente es necesario. De esta manera, el usuario recibe un login y contraseña que serán utilizadas para la realización del acceso.

No hay dificultades en mantener informaciones de los usuarios de la base de datos y de sus cuentas y contraseñas por medio de la creación de una tabla o un archivo cifrado con los dos campos NumeroDeCuenta y Contraseña (...) Siempre que se crea una cuenta nueva, se incluye un nuevo registro en la tabla. Cuando una cuenta se cancela, el registro correspondiente debe ser eliminado de la tabla.

El sistema también debe mantener todas las operaciones realizadas por el usuario desde su entrada (login) hasta su salida (log off), manteniendo así todas las interacciones realizadas durante la conexión.

Inyección de SQL

En un sistema donde tenemos el almacenamiento de las informaciones en una base de datos y una interacción con el usuario vía Web, existe la posibilidad de inyección de SQL (SQL Injection). Este ataque es básicamente la ejecución de comandos SQL, tanto DML (select, insert, update y delete) como DDL (create, drop y alter). Estos comandos se ejecutan a través de las entradas de formularios web, es decir, en el local destinado para la introducción de datos por parte del usuario, donde se pasan comandos SQL, que por fallos en las aplicaciones acaban dando como resultado en modificaciones de la base de datos o en el acceso indebido a la aplicación.

La figura a continuación muestra un ejemplo práctico de un tipo de ataque que puede ser hecho por hackers.

Autenticación

Figura 1: Ejemplo de inyección SQL.

Un usuario común normalmente tecleará su login y contraseña, lo que haría que la aplicación verificara los mismos en la base de datos. Pero como podemos ver, se ha tecleado un comando SQL en el campo contraseña, que resulta en la siguiente instrucción:

SELECT * FROM tabla_usuarios WHERE login = '123' AND contrasena = ' ' OR '1' = '1'

Podemos observar que esta instrucción independiente de que sea tecleada en el campo login y contraseña, la condición siempre será verdadra, acarreando en la entrada indeseada de un usuario que no tiene permiso de acceso al sistema.

Este hecho puede ser algo muy peligroso al tratarse de una vulnerabilidad de los datos, ya que el usuario puede ejecutar varios otros comandos, como de eliminación o modificación de tablas, pudiendo causar daños irreversibles al sistema, teniendo así una inconsistencia o pérdida de datos valiosos.

Imposibilitando la inyección SQL

La mejor alternativa para imposibilitar la inyección SQL, es la validación de todas las entradas. Así todos los valores originados en la recolección de datos externos deben ser validados y tratados a fin de impedir la ejecución de eventuales instrucciones destructivas u operaciones que nos dicen las esperadas. De esta forma, tomando todas las medidas de precaución, difícilmente su sistema sufrirá un ataque de este tipo.

Privilegios

Con la intención de controlar la concesión y revocación de los privilegios, el SGBD por defecto atribuye una cuenta de propietario, la cuenta que justamente estaba siendo utilizada para la creación del nuevo SCHEMA de la base de datos. De esa manera, el propietario recibe todos los privilegios sobre aquella relación.

Algunos comandos utilizados en las concesiones son: Para conceder privilegios a usuarios y grupos, se utiliza el comando GRANT. Cualquier privilegio concedido por el comando GRANT es añadido a los ya concedidos, si existieran (...) La palabra clave PUBLIC indica que los privilegios deben ser concedidos para todos los usuarios, inclusive a los que sean creados posteriormente (...) Si se especifica con WITH GRANT OPTION quién recibe el privilegio podrá, por su parte, conceder el privilegio a terceros.

Los privilegios concedidos a un usuario o a un grupo son sólo permisos de acceso a determinadas tablas, pudiendo así realizar varios tipos de permisos: "SELECT, INSERT, UPDATE, DELETE, RULE, REFERENCES, TRIGGER, CREATE, TEMPORARY, EJECUTE y USAGE".

A continuación vamos a ver varios ejemplos de comandos en la concesión de privilegios. Suponiendo que la CUENTA1 desea conceder a la CUENTA2 el privilegio de insertar datos en la tabla USUARIO:

GRANT INSERT ON USUARIO TO CUENTA2;

Para que la CUENTA1 pueda conceder privilegios a otras cuentas esta necesita obligatoriamente tener el GRANT OPTION, lo que le permite realizar ese tipo de operación.

Ahora imagine que CUENTA1 desea permitir a la CUENTA3 que recupere y actualice la tabla y que sea capaz de propagar el privilegio SELECT y UPDATE. El comando sería así:

GRANT SELECT, UPDATE ON PRODUCTOS TO CUENTA3 WITH GRANT OPTION ;

Privilegios usando Vistas

Las vistas (views) es un óptimo mecanismo para restringir la visualización de determinadas columnas, que supuestamente contienen contenidos sigilosos, por alguno o varios usuarios.

Por ejemplo, si el propietario de la relación quiere que determinado usuario sólo tenga acceso a sólo algunos campos de una tabla, entonces la utilización en este caso, consiste en la creación de una vista que incluya solamente aquellas tuplas (columnas).

Revocación de Privilegios

En determinados momentos, es interesante conceder un privilegio a un usuario y posteriormente revocar el mismo. Este concepto lo podemos ejemplificar de la siguiente manera: El propietario de una relación puede querer conceder el privilegio SELECT a un usuario para una tarea específica y después revocar aquel privilegio cuando la tarea esté completada (...) Por eso, es necesario un mecanismo para la revocación de privilegios. En el lenguaje SQL el comando REVOKE sirve para exactamente revocar privilegios. A continuación, vea un ejemplo:

REVOKE SELECT ON PERSONAS FROM CUENTA5;

En este caso, el DBA revocó al usuario CUENTA5 el privilegio SELECT sobre la tabla PERSONAS. De esa manera, este su privilegio fue revocado.

Control de Flujo

El control de flujo controla el flujo de las informaciones entre objetos. Los controles de flujo verifican si las informaciones contenidas en algunos objetos no fluyen explícita o implícitamente para los objetos de menor protección.

Una política de flujo más simple utiliza dos clasificaciones para las informaciones: confidencial (C) y no confidencial (NC). Ese método en la mayoría de las situaciones resuelve el problema, por ejemplo, de cuando se contienen datos de los clientes, donde algunos de estos son de carácter sigiloso.

Las técnicas de control de flujo deben garantizar que sólo los flujos autorizados, explícitos e implícitos, sean ejecutados.

Canales secretos

Un canal secreto sería el permiso de una transacción de datos que infrinja las reglas de seguridad. Entonces, este permite que una información de nivel alto pase para un nivel más bajo, de manera ilegal.

Los especialistas dicen que la mejor forma de evitar esa práctica es bloquear el acceso de los programadores a las informaciones personales de clientes, como salario o saldo bancario, por ejemplo.

Criptografía

La criptografía es una de las mejores soluciones para almacenar o transferir datos, suponga que alguna información recala en mano indebidas, si esta está cifrada, es decir, que se haya usado un algoritmo de criptografía, la persona que la obtuvo tendrá dificultades en conseguir encontrar el significado real, ya que la criptografía enmascara la información intercambiando los caracteres por otros, disfrazando el sentido de las palabras.

La Importancia de los Backups

El backup de datos es algo de extrema importancia, porque imagine el tamaño del trastorno si una empresa pierda sus datos, lo cual puede suceder por diversos motivos, caída de energía, virus en el servidor, fallo humano, catástrofes naturales, entre otros.

Una de las soluciones es el uso de medias ópticas (CD o DVD) o de un HD externo. Usted puede crear rutinas diarias o semanales, para la copia de archivos de su servidor u ordenador.

Existe otra opción muy utilizada que es el uso de servidores en espejo, donde ellos trabajan a la vez. Los HDs están configurados para ser "espejos" uno del otro, es decir, los archivos generados en el HD principal están automáticamente grabados en los demás HDs en espejo. Así, si sucede que el servidor principal falla por algún motivo, el servidor secundario pasa a ser el primario.

La alternativa más reciente es la utilización de la computación en la nube, cloud computing, los archivos quedan almacenados en servidores por todo el mundo, así pueden ser accedidos desde cualquier lugar en el que se tenga Internet.

Conclusión

El área de base de datos está siempre en alta, por ser la base de cualquier aplicación sea esta desktop o web. La protección de los datos de una empresa es un asunto de gran importancia, ya que puede estar ahí el diferencial con los competidores. Para vencer en el mundo de los negocios es necesario tener la información como estrategia de competitividad.

Así, observamos que los datos son muy valiosos, por eso todas esas prácticas son válidas, buena parte de estas deben estar implementadas en un buen sistema de seguridad de datos, para así garantizar la integridad, la disponibilidad y la confidencialidad de sus datos.

Índices

Crear un índice eficiente no es una tarea sencilla; requiere conocimiento de las queries en ejecución y de los diferentes tipos de índices disponibles.

Los Índices son estructuras que tienen algoritmos optimizados para acceder a los datos. Así como en las tablas, las páginas de índices también ocupan espacio físico. El cuerpo de un índice está formado por las columnas de la tabla cuyos datos se desea clasificar seguido de una referencia conocida como "puntero", que sirve para localizar la clave en la página de datos de la tabla.

Los Índices en el SQL Server se construyen sobre estructuras denominadas árboles balanceadas (="B-Tree"), cuyo dibujo recuerda el esqueleto de una pirámide. La idea de ese algoritmo es suministrar un modelo de búsquedas que agilice el proceso de búsqueda, efectuando un número reducido de lecturas en las páginas del índice para que obtener la localización de la clave buscada.

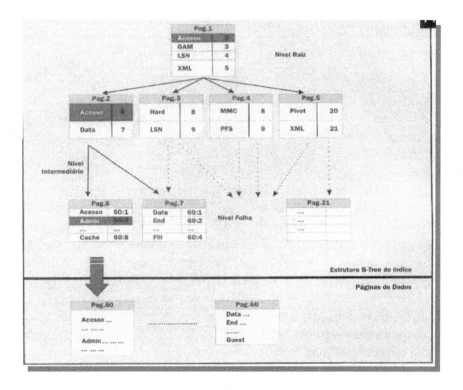

Tipos de índices del SQL Server

Existen los tipos básicos de índices en el SQL Server son:

- Cluster
- No-cluster
- Hash
- Full-Text

Dónde:

- **Los Índices cluster**: imponen una organización en la propia página de datos de la tabla, haciendo que permanezcan clasificadas de acuerdo con la composición de su clave.

- **Los Índices no-cluster**: tienen estructura propia, manteniéndose vinculados a las páginas de datos para la utilización de punteros.

La tabla SysIndexes es la responsable del almacenamiento de los metadados del índice. En esa tabla localizamos el nombre del índice, una indicación de su tipo (cluster o no-cluster), el número de páginas utilizadas, el número de modificaciones desde que el último cálculo de estadísticas fue ejecutado etc.

select * from sysindexes

Las Tablas sin índice cluster, más conocidas como heaps, tienen una línea en SysIndexes que es IndId=0. Si una tabla tiene índice cluster, este será indicado con IndId=1. Por lo tanto, si usted quiera listar las tablas que no tienen índice cluster en su base de datos, solamente tiene que seleccionar las entradas en SysIndexes para IndId=0.

select * from sysindexes where indid=0

El término cluster index scan se utiliza para especificar exploraciones secuenciales en las páginas de datos de una tabla que tiene índice cluster. En ese caso, la página inicial de la tabla se encuentra en SysIndexes para IndId=1.

El término table scan se utiliza para especificar exploraciones secuenciales en las páginas de datos heaps. En ese caso, la página inicial de la tabla se encuentra en SystemIndexes. FirstIam para IndId=0.

Revisando

Las páginas de datos de las tablas con índice cluster están "conectadas" las unas a la otra, es decir, en el encabezado de cada página se encuentran referencias a la página anterior y posterior (= Next/Previous Page).

Mientras que en los heaps el proceso es diferente por el hecho de que las páginas de datos no tienen ordenación. Se puede iniciar un lote de inserción en una página localizada "en medio de la tabla", utilizando el espacio generado por una serie de eliminaciones y terminar el proceso "en el fin de la tabla", asignando así una nueva extend.

Creación de un índice paso a paso

Usando el entorno visual del SQL Server. Expanda la base de datos seleccionando la opción Tables. Haga clic con el botón derecho sobre la tabla en la que usted desea crear el índice y, seleccione Design Table y en la barra de herramientas clic en manager Indexes/keys .

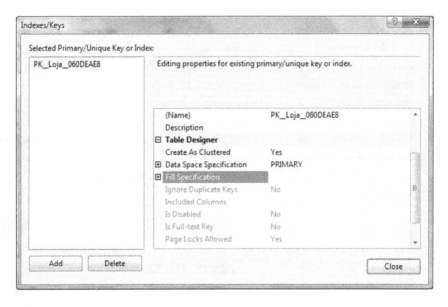

Las opciones disponibles en la pantalla de mantenimiento de índices son:

- **Table Name**: nombre de la tabla donde se desea crear el índice.
- **Type**: los tipos posibles son Index o Unique Key.
- **Index Name**: nombre del índice.
- **Column Name... Order**: columnas que componen la clave del índice.
- **Index Filegroup**: indicación del filegroup para la creación del índice.
- **Create Unique**: Unique quiere decir único, que no permite duplicidades.
- **Fill Factor**: indica el porcentaje de relleno de las páginas del índice en el momento de su creación. Un factor de relleno del 80% informa que será utilizado solamente 80% de la capacidad de la página para la ocupación de las líneas del índice.

- **Create as Clustered**: indica que el índice creado será del tipo cluster. Recuerde que sólo es posible crear un índice cluster por tabla.
- **Recompute statistics**: las estadística de distribución de datos por la clave del índice son esenciales para el optimizar la evaluación de una query y, por default, son actualizadas automáticamente después de un determinado número de modificaciones en el índice.

También tenemos que destacar también que:

El valor default para fill factor es cero (visible en el New Query bajo el comando sp_configure "fill factor").

Fill factor es una opción avanzada de optimización, por lo tanto se debe utilizar solamente en aquellos índices donde se observó una fragmentación excesiva. Utilizar esa opción de manera genérica para todos los índices de la base de datos no es una buena práctica.

Observaciones

Considerando un proceso semanal de reestructuración de índices, se puede decir que fill factor de determinado índice será adecuado a medida que los indicadores del comando DBCC SHOWCONTIG Scan Density y Avg. Page Density (full) se mantienen cercanos al 100%. Mientras más distante esté del 100%, mayor será la necesidad de utilización del fillfactor para controlar los costosos page-splits. Por lo tanto, si usted encuentra índices de scan density muy inferiores al 80%, pruebe a establecer un pequeño fill factor y revalúe la fragmentación después del mismo periodo. Comience, por ejemplo, con un índice del 95% para fill factor y vaya disminuyendo hasta encontrar su punto óptimo.

Ejemplo:

1. Muestra las informaciones de la tabla Orders
2. dbcc showcontig (Orders)
3. Muestra las informaciones de la tabla Orders, Índice OrderDate
4. dbcc showcontig (Orders,OrderDate)

DBCC SHOWCONTIG (Orders)

```
 Messages
DBCC SHOWCONTIG scanning 'Orders' table...
Table: 'Orders' (21575115); index ID: 1, database ID: 20
TABLE level scan performed.
- Pages Scanned...............................: 20
- Extents Scanned.............................: 4
- Extent Switches.............................: 3
- Avg. Pages per Extent.......................: 5.0
- Scan Density [Best Count:Actual Count].......: 75.00% [3:4]
- Logical Scan Fragmentation ..................: 15.00%
- Extent Scan Fragmentation ...................: 25.00%
- Avg. Bytes Free per Page.....................: 146.5
- Avg. Page Density (full).....................: 98.19%
DBCC execution completed. If DBCC printed error messages, contact your

100 %  ▾  ‹                                                          ›
```

DBCC SHOWCONTIG (Orders, OrderDate)

```
Messages
DBCC SHOWCONTIG scanning 'Orders' table...
Table: 'Orders' (21575115); index ID: 6, database ID: 20
LEAF level scan performed.
- Pages Scanned...............................: 2
- Extents Scanned.............................: 2
- Extent Switches.............................: 1
- Avg. Pages per Extent.......................: 1.0
- Scan Density [Best Count:Actual Count].......: 50.00% [1:2]
- Logical Scan Fragmentation ..................: 50.00%
- Extent Scan Fragmentation ...................: 0.00%
- Avg. Bytes Free per Page....................: 626.0
- Avg. Page Density (full)....................: 92.27%
DBCC execution completed. If DBCC printed error messages, contact your

100 %   ▾  <
```

La sintaxe T-SQL para la creación de índices:

CREATE   [UNIQUE][CLUSTER | NONCLUSTER]   INDEX index_name
    ON {table | view} (COLUMN [asc | desc][, ...N])
[with <index_option> [,...N]]
<index_option> ::=
    { pad_index |
    FILL FACTOR = fillfactor |
    IGNORE_DUP_KEY |
    DROP_EXISTING | STATISTICS_NORECOMPUTE |
    SORT_IN_TEMPDB
]

Dónde:

- **DROP_EXISTING**: la cláusula DROP-EXISTING hará un rebuild en los índices. (es aplicable solamente sobre índices).
- **STATISTIC_NORECOMPUTE**:   deshabilita   la actualización automática de las estadísticas del índice, informando al SQL Server que las estadísticas del índice

serán actualizadas mediante un proceso manual. Tener estadísticas desactualizadas acarreará en la elección de planes de ejecución ineficientes, por lo tanto se sugiere no utilizar esa opción.

- **SORT_IN_TEMPDB**: si usted tiene el TempDB localizado en un conjunto de discos separados del filegroup de la base de datos, utilice esa opción para obtener ganancia de performance en la reconstrucción del índice.

Consejos para construir y mantener índices eficientes:

- Mientras más compactado sea el tamaño de la clave del índice, mejor;
- Proceso de Scan (Clustered Index Scan o Table Scan) en tablas con gran número de líneas representan un embotellamiento durante la ejecución. Este atento a eso.
- Intente crear siempre un índice cluster en sus tablas.
- No cree índices en tablas con un número pequeño de líneas.
- Mantenga las estadística actualizadas. Mantenga las opciones Auto-Create/Update Statistics conectadas.
- Cree rutinas de indexación periódicas. Las rutinas de indexación son fundamentales para garantizar de performance. No se olvide de ellas.
- Utilice el Profiler como herramienta de soporte en el rastreo de queries durante un largo tiempo de ejecución. Aproveche la oportunidad para crear índices más eficientes o de excluir índices inútiles.
- Utilice el Index Tunning Wizard como herramienta de soporte para el tuning de índices.
- Al crear índices compuestos, mantenga la columna más selectiva en el primer nivel de la clave.
- Dé preferencia a los índices basados en columnas numéricas en oposición la columnas char o varchar. Los Índices basados en columnas numéricas son más eficientes.
- No cree índices duplicados. Un error bastante común es

crear índices con la misma estructura de otros ya existentes. Habitúese a ejecutar un sp_HelpIndex para confirmar los índices existentes.

Conclusión

Los Índices deben ser creados para agilizar la performance del sistema como un todo, pero habitualmente nos olvidamos de eso. Sub-evaluamos el impacto de la creación de índices en la performance general del sistema, y aquello que fue concebido como un objetivo inicial de ganancia de performance acaba resultando más en un punto de contención.

Optimizar un proceso puede significar eliminar un índice ineficiente, implementar nuevos filtros o modificar los parámetros de la cláusula join de las queries en ejecución. Debemos considerar la creación de índices como recurso de optimización, pero en un análisis conjunto con todos esos factores.

Ejemplo. análisis del rendimiento de los índices

Imagine la siguiente situación: usted acabó de concluir un informe que demuestra la productividad de los vendedores en la tirada de pedidos de la empresa Northwind. Ese informe suma los pedidos existentes en la tabla Orders para un determinado vendedor.

Después de concluir el informe, usted verifica en el plan de ejecución que el índice existente EmployeeID no está siendo utilizado en la selección de pedidos de un vendedor y usted decide investigar el porqué.

El select ejecutado en la Figura 1 de a continuación comprueba que el índice Employeeid no está siendo seleccionado, ya que fue utilizado un clustered index scan en PK_Orders.

Usted decide entonces analizar las estadísticas del índice con el comando DBCC SHOW_STATISTICS, para verificar el histograma relacionado a la columna EmployeeID.

Para ello ejecuta el comando:

dbcc show_statistics (orders, employeeID)

El resultado se muestra en la figura de a continuación.

En base a las estadísticas, constatamos que:

La medida de selectividad de la columna Employeeid en la tabla Orders nos informa que, de los 830 pedidos existentes, 43 (5% del total) fueron realizados por el vendedor del código 9;

La densidad para Employeeid informa que cada empleado tiene una media de 92 pedidos en la tabla Orders (830* 0.111111).

Por fin, podrá deducir que: el índice no fue utilizado debido a la baja selectividad de la columna Employeeid.

El coste de la búsqueda con la utilización del índice es mayor que el proceso de clustered index scan realizado en la tabla.

Podemos comprobar ejecutado los comandos de a continuación.

Observe que al forzar la elección del índice el número de logical reads pasó de 27 a 91.

Ejecutando:

set statistics io on
select * from Orders where EmployeeID = 9

Se obtiene como resultado:

(43 row(s) affected)

Table 'Orders'. Scan count 1, logical reads 27, physical reads 0, read-ahead reads 0, lob logical reads 0, lob physical reads 0, lob read-ahead reads 0.

Ejecutando:

set statistics io on
select * from Orders with (index=EmployeeID) where EmployeeID = 9

Se obtiene como resultado:

(43 row(s) affected)

Table 'Orders'. Scan count 1, logical reads 91, physical reads 0, read-ahead reads 0, lob logical reads 0, lob physical reads 0, lob read-ahead reads 0.

Consideramos que no necesitamos de toda la información contenida en el pedido, sino solamente del número efectivo de pedidos para ese vendedor.

Queremos saber cuántos pedidos fueron emitidos para el vendedor del código 9. Para ello sustituimos entonces el comando select * from Orders Where employeeid=9

por el comando

select count(*) from Orders where employeeid=9

y analicemos el plan de ejecución en la figura a continuación:

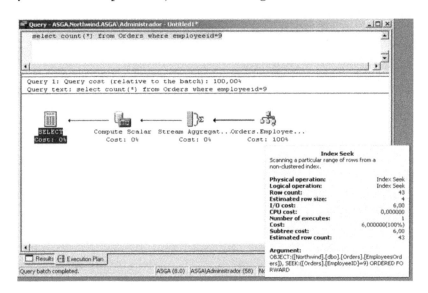

Confirme el cambio en el plan de ejecución, dondel Clustered Index Scan en PK_Orders fue sustituido por el Index Seek en Orders. EmployeeID.

El comando count(*) con el filtro para employeeid=9 viabiliza la query con cobertura del índice EmployeeOrders.

La función CheckSum se puede utilizar para crear la clave hash en oposición a los índices creados en las columnas char o varchar. La ventaja de trabajar con un índice hash es la reducción en el tamaño de la clave del índice. Disminuyendo el tamaño de la clave estaremos aumentando la densidad de líneas por página de índice, induciendo mejorías de rendimiento.

Observación: los índices hash no pueden ser utilizados en comparaciones envolviendo a los operadores >, >=, <, <= o <>, ese tipo de índice se presta solamente para búsquedas igualitarias.

Una clave hash se utiliza como una buena opción de rendimiento en la construcción de un índice, siendo utilizado en la sustitución de claves alfanuméricas largas por un único entero, generado a la partir de funciones matemáticas.

La implementación de esa idea envuelve los siguientes pasos:

Debemos crear una columna calculada, utilizando la función CheckSum para la generación automática del código hash.

```
alter table customers
    add cs_CompanyName las Checksum(CompanyName)
```

Debemos crear un índice sobre esa columna.

```
create index ix_cs_CompanyName on Customers
(cs_CompanyName)
```

Podemos realizar una consulta sobre la columna con el código hash de la siguiente forma:

```
select * from Customers
where cs_CompanyName = Checksum('The Cracker Box')
and CompanyName = 'The Cracker Box'
```

Observando las estadísticas del índice CompanyName

```
dbcc showcontig(Customers,CompanyName)
```

```
Messages
DBCC SHOWCONTIG scanning 'Customers' table...
Table: 'Customers' (2073058421); index ID: 3, database ID: 5
LEAF level scan performed.
- Pages Scanned...............................: 1
- Extents Scanned.............................: 1
- Extent Switches.............................: 0
- Avg. Pages per Extent.......................: 1.0
- Scan Density [Best Count:Actual Count].......: 100.00% [1:1]
- Logical Scan Fragmentation ..................: 0.00%
- Extent Scan Fragmentation ...................: 0.00%
- Avg. Bytes Free per Page....................: 3109.0
- Avg. Page Density (full)....................: 61.59%
DBCC execution completed. If DBCC printed error messages, contact your system admin
100 %
```

Observando las estadísticas del índice CompanyName

dbcc showcontig(Customers,ix_cs_CompanyName)

```
Messages
DBCC SHOWCONTIG scanning 'Customers' table...
Table: 'Customers' (2073058421); index ID: 6, database ID: 5
LEAF level scan performed.
- Pages Scanned...............................: 1
- Extents Scanned.............................: 1
- Extent Switches.............................: 0
- Avg. Pages per Extent.......................: 1.0
- Scan Density [Best Count:Actual Count].......: 100.00% [1:1]
- Logical Scan Fragmentation ..................: 0.00%
- Extent Scan Fragmentation ...................: 0.00%
- Avg. Bytes Free per Page....................: 6276.0
- Avg. Page Density (full)....................: 22.46%
DBCC execution completed. If DBCC printed error messages, contact your system admin
100 %
```

En el comando select que hemos visto anteriormente, existe una redundancia en la comparación con el nombre del cliente, que es referenciado en la línea de la función CheckSum:

"...Where cs_CompanyName=checksum("The Cracker Box")"
"...AND CompanyName="The Cracker Box"...".

Ese procedimiento es necesario ya que existe la posibilidad de que esa función genere el mismo código hash para inputs diferentes, según indica la propia Microsoft. Para evitar resultados indeseados, se trabaja con la segunda confirmación.

Los Índices hash no se deben utilizar en comparaciones del tipo ...where CompanyName like ("The Craker%").

Optimización y Tunning

Con el paso del tiempo, las tablas tienden a fragmentar los datos que inicialmente estaban próximos y los hacen "espaciados".

Conceptos sobre almacenamiento de datos

En el SQL Server, el almacenamiento se hace en estructuras físicas conocidas como "páginas". Las páginas constituyen la unidad básica de E/S, tienen un tamaño fijo de 8KB y son exclusivas para cada objeto, es decir, dos tablas no pueden ocupar la misma página. Por cuestión de optimización, las páginas están agrupadas en unidades lógicas denominadas "extents". Una extent corresponde a 8 páginas (64KB) y normalmente se utiliza para asignar espacio para tablas e índices. Observe que los extents están asignadas a un mismo tipo de página; de esa forma, las páginas de datos y de índices están asignadas en extents diferentes.

En realidad una página no rellena completamente un registro de 8192 bytes (=8KB). De esa cantidad, se deben descontar 96 bytes destinados al header de la página y 36 bytes para controles de log, resultando en 8060 bytes. De esos 8060 bytes, aún se deben descontar otros 60 bytes para los controles internos de columnas de tamaño variable (varchar, nvarchar), quedando entonces en 8000 bytes.

Tipo de Página	Función
Data	Almacenan datos de tipos diferentes text, ntext e image
Index	Clave de los índices, con punteros direccionados para las páginas de datos.
Text and Image	Almacena datos del tipo text, ntext e image.
Page Free Space (PFS)	Controla los espacios libres em las páginas.
Global Allocation Map (GAM)	Controla la asignación de extends.
Shared Global Allocation Map (SGAM)	Controla la asignación de extends mixtas por los objetos.
Index Allocation Map (IAM)	Controla las extends utilizadas por "heap tables" o índices. Todo objeto en el momento de su creación se registra en una página IAM y en por lo menos una extend mixta.

Tabla 1. Principales tipos de páginas de una base de datos

Observación: Un objeto nace, crece hasta las 8 páginas en extents mixta, y pasa a extents exclusiva.

Las tablas constituyen la base del modelo relacional para el almacenamiento de información. Están formadas por qué están físicamente asignadas en páginas cuyos registros la su vez están asignados (lógicamente) en extents. El tamaño de un registro no puede exceder el tamaño de una página.

Los registros se pueden grabar de manera ordenada o aleatoria. Para que los registros se puedan grabar físicamente de forma ordenada, por ejemplo, para el orden del nombre en la tabla "Cliente", es necesario la construcción de un índice especial, conocido como cluster. El índice cluster es la propia tabla, no existiendo así una estructura a parte para guardar informaciones relativas la ordenación.

En virtud de esa característica particular, las tablas pueden contener solamente un índice cluster. Las tablas sin índice cluster son conocidas como "heap".

Por defecto una página de datos no tiene textos o imágenes. Vea la Tabla 1, existen páginas especiales para esos tipos de datos.

El campo destinado a la imagen almacena un puntero informando a la página inicial donde residel objeto. Ese mecanismo tiene dos beneficios:

- El primero dice respeto a la optimización, ya que la separación hace el proceso de lectura más eficiente.
- El segundo dice respeto al tamaño, ya que una estructura a parte permite almacenar imágenes hasta un límite de 2GB.

El SQL Server permite, a través de la opción "text in row", que se graben imágenes o texto en la propia página de datos. Si a la mayor parte de sus campos BLOB se accede constantemente y tienen un tamaño inferior a 8KB, es posible ganar performance habilitando esa opción. La línea de comandos de a continuación activa la opción de almacenamiento de imágenes de hasta 512 bytes en la propia página de datos:

Exec SP_TableOption Cliente, "text in row", 512

Las páginas de tablas con índice cluster están conectadas las unas a la otras a través de las informaciones contenidas en el header de la página, por ejemplo, en el header de la página 1567 estarán identificadas las páginas 1566 y 1568.

En heaps, las páginas asignadas están registradas en las estructuras IBAN, sin ordenación previa. Para explorar una tabla con índice cluster, el SQL Server accede a la página inicial, registrada en la tabla de sistema SYSINDEXEXES. Enseguida, las informaciones contenidas en el header de cada página direccionan al resto de la lectura.

Para heaps, el script de lectura es efectuado a través de las páginas IBAN, en un lleva-y-trrae que, para las lecturas secuenciales, se hace menos eficiente.

Causas que pueden provocar fragmentación:

- **La aparición de "page splits":** término utilizado para designar una división de página de índice, cluster o no cluster para acomodar una inserción puntual.

- **Supresión de registros:** causando mayor espaciamiento entre los datos.

La recuperación de datos fragmentados requiere mayor esfuerzo de I/O, por lo tanto debemos trabajar en el sentido de minimizar este problema.

CR							
AA	BC	FA	GC	IA	JC	LA	MC
AB	BD	FB	GD	IB	JD	LB	MD
AC	EA	FC	HA	IC	KA	LC	NA
AD	EB	FD	HB	ID	KB	LD	NB
BA	EC	GA	HC	JA	KC	MA	NC
BB	ED	GB	HD	JB	KD	MB	ND

Page Split

AA	BC	FA	GC	IA	JC	LA	MC
AB	BD	FB	GD	IB	JD	LB	MD
AC	CR	FC	HA	IC	KA	LC	NA
AD	EA	FD	HB	ID	KB	LD	NB
BA		GA	HC	JA	KC	MA	NC
BB		GB	HD	JB	KD	MB	ND

EB							
EC							
ED							

FIGURA 01

Nueva extend

El SQL Server ofrece el comando DBCC ShowContig para analizar la fragmentación en índices. Su sintaxe es:

DBCC ShowContig (Id de la tabla, Id del índice)

Donde

<Id de la tabla): se puede obtener con el comando objeto_id<nombre de la tabla>

<Id del índice>: se puede consultar a través de la tabla de sistema sysindexes. Ejemplo:

DBCC ShowContig (Orders, 2)

Ejecución del comando DBCC ShowContig en la tabla "Orders".

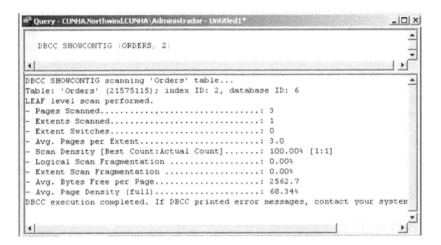

El resultado de ese comando se interpreta de la siguiente forma:

- **Pages Scanned**: número de páginas que componen el índice analizado.
- **Extends Scanned**: número de extends; es aproximadamente el resultado de la división de Pages Scanned entre 8.
- **Extents Switches**: total de cambios de páginas que deberían estar en una misma extent y que están distribuidas en varias extents. En condiciones normales debe tener un valor próximo a Extents Scanned;
- **Avg.Pages per Extent**: número medio de páginas por extent; debe estar aproximado a 8.
- **Scanned Density[Best Count:Actual Count]**: densidad de las páginas; mientras más próximo al 100%, mejor. Un

valor igual a 75% indica un 25% de fragmentación.

- **Logical Scan Fragmentation**: porcentaje de fragmentación de páginas, utilizado solamente por el índice cluster.
- **Avg. Bytes Free per Page:** número medio de bytes libres por página; cuanto más próximo a cero mejor;
- **Avg. Page Density(full):** densidad (o relleno) medio de las páginas; cuanto más próximo a 100% mejor.

La lucha contra los datos fragmentados sólo puede ser combatida con procesos de mantenimiento en los índices.

La sintaxis del comando DBREINDEX es como vemos a continuación:

```
DBCC DBREINDEX
(
    table_name
    [ , index_name [ , fillfactor ] ]
)
    [ WITH NO_INFOMSGS ]
```

Cree jobs para la reindexación periódica de sus tablas.

Una estrategia fundamental para ganar en performance consiste en la reestructuración periódica de los índices. Vea a continuación tres maneras de realizar esa tarea:

- **Drop/Create Index:** El inconveniente es mantener el script actualizado para volver a crear todos los índices de una base de datos;
- **DBCC dbReindex:** Encapsula un DROP/CREATE para todos los índices de la tabla, simplificando la rutina de reindexación. Si sucede algún fallo, se mantendrá la estructura anterior. Tiene la desventaja de establecer bloqueos largos;
- **DBCC IndexDefrag:** Elimina la fragmentación

INTERNA en las páginas de los índices (no reasigna extents). Tiene la ventaja de establecer bloqueos cortos, siendo posible ejecutarlo en entorno de producción.

Utilizando el comando dbcc showcontig, usted podrá observar a los indicadores de un índice, y compararlos con los nuevos valores después de la ejecución de después de la ejecución del DBREINDEX.

Observe en la figura de abajo los indicadores del índice [OrdersOrder_Details] antes y después de la ejecución de la reindexación.

```
DBCC SHOWCONTIG scanning 'Order Details' table...
Table: 'Order Details' (325576198); index ID: 3, database ID: 5
LEAF level scan performed.
- Pages Scanned...............................: 4
- Extents Scanned.............................: 3
- Extent Switches.............................: 2
- Avg. Pages per Extent.......................: 1.3
- Scan Density [Best Count:Actual Count].......: 33.33% [1:3]
- Logical Scan Fragmentation ..................: 50.00%
- Extent Scan Fragmentation ...................: 0.00%
- Avg. Bytes Free per Page....................: 2169.8
- Avg. Page Density (full)....................: 73.19%
DBCC execution completed. If DBCC printed error messages, contact
```

```
DBCC SHOWCONTIG scanning 'Order Details' table...
Table: 'Order Details' (325576198); index ID: 3, database ID: 5
LEAF level scan performed.
- Pages Scanned...............................: 4
- Extents Scanned.............................: 2
- Extent Switches.............................: 1
- Avg. Pages per Extent.......................: 2.0
- Scan Density [Best Count:Actual Count].......: 50.00% [1:2]
- Logical Scan Fragmentation ..................: 50.00%
- Extent Scan Fragmentation ...................: 50.00%
- Avg. Bytes Free per Page....................: 553.5
- Avg. Page Density (full)....................: 93.16%
DBCC execution completed. If DBCC printed error messages, contact
```

Es posible hacer una reindexación atribuyendo un factor de relleno del índice. La sintaxis de abajo presenta el comando para reindexar, incluyendo un factor de relleno del 60%.

Utilice el dbcc showcontig para observar los indicadores del índice después de la ejecución del comando REINDEX.

Observe que el índice ahora utiliza 7 páginas para el almacenamiento y que el Avg. Page Density se aproxima al factor de relleno informado en el DBREINDEX.

```
DBCC SHOWCONTIG scanning 'Order Details' table...
Table: 'Order Details' (325576198); index ID: 3, database ID: 5
LEAF level scan performed.
- Pages Scanned................................: 7
- Extents Scanned.............................: 4
- Extent Switches.............................: 3
- Avg. Pages per Extent.......................: 1.8
- Scan Density [Best Count:Actual Count].......: 25.00% [1:4]
- Logical Scan Fragmentation ..................: 42.86%
- Extent Scan Fragmentation ...................: 50.00%
- Avg. Bytes Free per Page....................: 3786.0
- Avg. Page Density (full)....................: 53.22%
DBCC execution completed. If DBCC printed error messages, contact
```

--Batch para reindexar todas las tablas de una base de datos

set nocount on

DECLARE tablas CURSOR fast_forward
FOR select name from sysobjects where type = 'u'
DECLARE @nombre varchar(80)
OPEN tablas
FETCH NEXT FROM tablas INTO @nombre
WHILE (@@fetch_status <> -1)
BEGIN
    IF (@@fetch_status <> -2)
        BEGIN
            select '[][][] Reindexando la tabla: ' +@nombre
            exec ('dbcc dbreindex ('" + @nombre + "')')
        END
        FETCH NEXT FROM tablas INTO @nombre
END
CLOSE tablas
DEALLOCATE tablas

Si la reindexación de todas las tablas es costosa, debido al tamaño por ejemplo, usted puede optar por reindexar solamente las tablas que tienen fragmentación elevada, como por ejemplo Scan Density < 60%.

Los heaps no se benefician de los procesos de reindexación. Reducir la fragmentación en heaps, por lo tanto, significa mover datos hacia una área temporal, romper la tabla, volverla a crear y proceder la importación de los datos.

Conclusión

Efectuar el tunning en un servidor de base de datos no es un proceso simple, debemos atacar varios frentes para producir resultados eficientes. Si, por ejemplo, nos concentremos en la optimización de queries y nos olvidamos de desfragmentar las tablas, el resultado será modesto.

Optimización

El optimizador de consultas del SQL Server, suministra soluciones para el problema de cómo se debe ejecutar cada consulta, por ejemplo, que índices deben ser usados, en qué orden se deben acceder las tablas, como las se deben implementar las uniones.

Esas soluciones se llaman plan de ejecución de consultas, y la principal tarea del optimizador es seleccionar el plan óptimo.

A veces, las informaciones disponibles para el optimizador no son suficientes para que este determine el plan óptimo. Por lo tanto, es muy importante saber cómo los programadores pueden mejorar la eficiencia de sus aplicativos. A continuación veremos algunos de esos problemas.

Uniones versus Sub-consultas Correlacionadas.

Cada consulta, normalmente, se puede expresar con una de las muchas declaraciones SELECT equivalentes. Por ejemplo, cada operación de unión se puede expresar usando la sub-consulta correlacionada equivalente y viceversa. Esos métodos difieren en el sentido de que una operación de unión es considerablemente más eficiente que la sub-consulta correlacionada correspondiente.

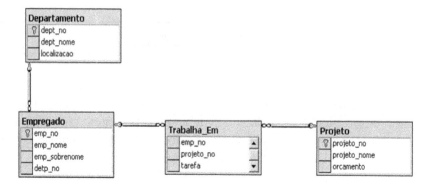

Ejemplo 1

Cree un comando SQL que obtenga los nombres de todos los operarios que trabajaron en el proyecto "p1".

Solución A

```
SELECT emp_nombre
FROM empleado, trabaja_en
WHERE empleado.emp_en = trabaja_en.emp_en
AND proyecto_en = "p1"
```

Solución B

```
SELECT emp_nombre
FROM empleado
WHERE "p1" IN (SELECT proyecto_en FROM trabaja_en
WHERE empleado.emp_en = trabaja_en.emp_en)
```

Comentarios: el rendimiento de la solución A es mejor que el de la solución B. La consulta de la solución B debe ser evaluada varias veces, ya que esta tiene la columna emp_en, que pertenece a la tabla empleado en la consulta más externa. Observe que el valor de la columna emp_en cambia siempre que el SQL Server examina una línea diferente de la tabla empleado en la consulta más externa. La unión en la solución A funciona más rápidamente, ya que esta evalúa todos los valores de la columna proyecto_en de la tabla trabaja_en sólo una vez.

Declaración Incompleta

Es posible que un programador especifique una declaración SQL incompleta, como por ejemplo, un producto cartesiano entre dos tablas. El resultado de un producto cartesiano contiene la combinación de líneas de dos tablas. Por ejemplo, si una tabla contiene 10.000 líneas y la otra 100, el resultado del producto cartesiano de las dos tablas será una tabla con 1 millón de líneas.

Como regla general, si su consulta está accediendo a n tablas diferentes, usted debe tener por lo menos n-1 condiciones de unión relacionadas a todas las tablas, para evitar una producto cartesiano.

Observación: El SQL Server ofrece soporte con la opción ROWCONT en la declaración SET, que restringe la muestra de líneas seleccionadas a un número correcto. De ese modo, el uso de esa opción limita el número de líneas que pueden ser creadas por un producto cartesiano no-intencionado.

La opción ROWCOUNT hace que el sistema deje de procesar una declaración DML, después que el número especificado de líneas sea devuelto.

- Para activar haga: SET ROWCOUNT número de línea
- Para desactivar haga: SET ROWCOUNT 0
- La opción STATISTICS IO: hace que el sistema muestre informaciones estadísticas sobre la cantidad de actividad de disco generada por la consulta; por ejemplo, el número de operaciones de I/O de lectura y grabación procesadas en la consulta.
- La opción STATISTICS TIME: hace que el sistema muestre el procesamiento, la optimización y el tiempo de ejecución de la consulta.

El Operador LIKE

El operador LIKE compara los valores de una columna con un estándar especificado. Si esa columna está asociada a un índice, la búsqueda de la string de caracteres se ejecutará con el índice existente. Una condición basada en un comodín en la posición inicial obliga al SQL Server a examinar cada valor en la columna; es decir, el índice existente no sirve para nada. El motivo es que los índices trabajan determinando rápidamente si el valor solicitado es mayor o menor que los valores en varios de nuestra B-TREE. Si los caracteres iniciales de los valores deseados no se especifican, entonces esas comparaciones no se podrán realizar.

Ejemplo 2

Obtenga los números de operarios de todos los empleados cuyos nombres terminan con "el".

Solución

SELECT emp_en FROM empleado
WHERE emp_nombre LIKE "%el"

Comentarios: No es posible procesar la consulta, aunque el índice de la columna emp_nombre exista. La razón es que los caracteres del inicio de los valores de datos no son conocidos dentro de la condición de búsqueda en la cláusula WHERE.

Las declaraciones T_SQL y el Rendimiento de las Consultas

El SQL Server ofrece soporte a dos declaraciones que permiten la optimización de consultas:

1. UPDATE STATISTICS
2. SET

Las estadísticas en las tablas de sistemas no se actualizan constantemente. La declaración UPDATE STATISTICS actualiza las informaciones sobre la distribución de valores de claves en los índices especificados. La modificación de las informaciones con la declaración UPDATE STATISTICS se debe procesar en los siguientes casos:

- Después de la carga inicial de los datos.
- Después de la ejecución de una declaración DML (INSERT, UPDATE o DELETE) que afecte un gran número de líneas.

La segunda declaración SET, tiene varias opciones. Algunas de esas se usan para la optimización de consultas y algunas para otros propósitos.

Las siguientes opciones se usan para la optimización de consultas:

- SHOWPLAN_TEXT
- SHOWPLAN_ALL
- NOEXEC
- FORCEPLAN
- ROWCOUNT
- STATISTICS IO
- STATISTICS TIME
- ON " Activa y OFF - Desactiva

SHOWPLAN-TEXT y SHOWPLAN_ALL: muestran el plan de ejecución para la consulta.

La opción SHOWPLAN_ALL: muestra las mismas informaciones detalladas sobre el plan de ejecución para la consulta SHOWPLAN_TEXT, con la adición de una estimación de los requisitos de recursos para esa declaración.

SET SHOWPLAN_TEXT ON
GO
Select empleado.dept_en
FROM empleado, trabaja_en
WHERE empleado.emp_en = trabaja_en.emp_en
AND trabaja_en.proyecto_en = "p1"

```
(1 row(s) affected)


SQL Server Execution Times:
   CPU time = 0 ms,   elapsed time = 0 ms.
StmtText
--------------------------------------------------------------------------------
  |--Nested Loops(Inner Join, OUTER REFERENCES:([Trabalha_Em].[emp_no]))
      |--Table Scan(OBJECT:([Empresa].[dbo].[Trabalha_Em]), WHERE:([Trabalha_Em].[projeto_no]='
      |--Clustered Index Seek(OBJECT:([Empresa].[dbo].[Empregado].[PK_Empregado]), SEEK:([Empre

(3 row(s) affected)


SQL Server Execution Times:
   CPU time = 0 ms,   elapsed time = 1 ms.

SQL Server Execution Times:
   CPU time = 0 ms,   elapsed time = 1 ms.
```

El resultado muestra el plan de ejecución seleccionado para la declaración SELECT especificada. Las columnas de unión en las tablas empleado y trabaja_en se indexan; por lo tanto, el optimizador de consultas escoge el método de loop anidado para ejecutar la operación de unión.

FORCEPLAN: hace posible que pueda influenciar directamente una optimización de consulta. Usar esa opción hace el SQL Server acceda a las tablas en el mismo orden en que estas están listadas en la cláusula FROM de la declaración SELECT.

SET FORCEPLAN ON
GO

Select empleado.dept_en el
FROM empleado, trabaja_en

WHERE empleado.emp_en = trabaja_en.emp_en
AND trabaja_en.proyecto_en = 'p1'

El SQL Server ofrece tres técnicas diferentes de procesamiento de uniones:

- Unión de loop anidado;
- Unión de mezclas;
- Unión con hashing.

Unión de Loop Anidado

La unión de loop anidado es la única técnica de procesamiento que es soportada en las versiones anteriores del SQL Server. La unión de loop anidado funciona por "fuerza bruta", en otras palabras, por cada línea de la tabla exterior, se recupera y se compara cada línea de la tabla interior.

Algoritmo (A y B son dos tablas temporales)

```
For cada linea en la tabla externa do:
    leer la linea en A
    para cada linea en la tabla interna do:
        leer la linea en B
        if A.columna_union = B.columna_union then
            aceptar la linea y incluirla en el conjunto resultante
        end if
    end for
End for
```

La unión de loop anidado será muy lenta si no tiene índices para una de las columnas de unión. Sin índices, el SQL Server tendría que recorrer la tabla externa una vez y la tabla interna n veces, la n es el número de líneas de la tabla externa. Por lo tanto, el optimizador de consultas escoge ese método sólo si la columna de unión de la tabla interna esté indexada; así, la tabla interna no necesitará ser recorrida por cada línea de la tabla externa.

Unión de Mezcla

La unión de mezcla nos provee de una alternativa con mejor rendimiento que la construcción de un índice para una unión de loop anidado. Las líneas de las tablas unidas deben ser físicamente clasificadas usando los valores de la columna de unión. Las dos tablas serán recorridas en el orden de las columnas de unión, haciendo corresponder las líneas con el mismo valor para las columnas de unión.

Observación: no se exige ningún índice cuando el optimizador de consultas ejecuta una unión de mezcla.

Algoritmo

- Clasifica la tabla externa en orden ascendente usando la columna de unión.
- Clasifica la tabla interna en orden ascendente usando la columna de unión

For cada linha en la tabela externa do:
      leer la linea en A
      for cada linea a partir de la tabla interna con un valor menor o igual
             la columna de union do:
      leer la linea en B
      if A.columna_union = B.columna_union then
         aceptar la linea y la incluye en el conjunto resultante
      end if
    end for
End for

Unión con Hashing

Una unión con hashing se usa cuando no hay una entrada clasificada. Las líneas de las dos tablas son re-declaradas en el mismo archivo de hash, usando la misma función de hashing en las columnas de unión que las claves con hashing. El método de unión con hashing no exige índice. Por lo tanto, este método es altamente aplicable para consultas ad hoc, en las que no se tienen que esperar índices.

Observación: La optimización de los aplicativos de datos es uno de los factores más importantes que afectan el rendimiento. Modificando las propiedades existentes de una consulta, puede mejorar significativamente su rendimiento.

El optimizador de consultas es la parte del SQL Server que decide como ejecutar mejor una consulta. Éste genera varios planes de ejecución para determinada consulta y selecciona el plan de más pequeño coste en el rendimiento.

Los Índices de Búsqueda

Una necesidad cada vez más común de muchas aplicaciones, principalmente en las aplicaciones web, es la búsqueda por frases o palabras no sólo en las columnas char o varchar de las tablas de una base de datos, sino también en archivos como .txt, .pdf, .doc, .xls, entre otros.

El soporte al lenguaje T-SQL suministrado por el SQL Server permite que usted realice búsquedas en datos almacenados en columnas del tipo char, nchar, varchar, nvarchar, text y ntext, pero los grandes problemas son:

- ¿Qué deberá hacer si necesita buscar frases o palabras en documentos"

- ¿Qué deberá hacer si necesita buscar no sólo una palabra o frase exacta, como hace el LIKE, sino que también por sus variantes verbales, como ejemplo: correr, corriendo, corrió, o si estas están en singular o en plural"

En el SQL Server desde su versión 7.0, nos provee del Full-Text Search que es la solución para estos problemas. Éste suministra un soporte eficiente que no sólo sirve para la búsqueda de palabras o frases en columnas basadas en caracteres, sino que también para la búsqueda de palabras o frases en archivos .doc, .xls, .ppt, .pdf y entre otros.

La arquitetura del Full-Text Search

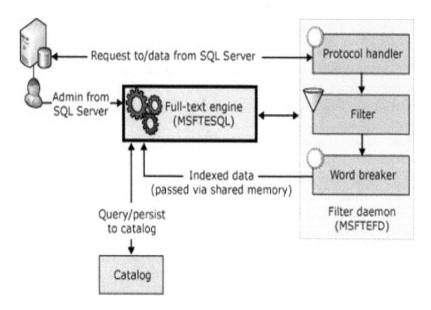

El índice full-text (full-text index) es un tipo especial de índice que almacena informaciones sobre las palabras y sus respectivas localizaciones dentro de una columna. Estas informaciones son posteriormente utilizadas por el full-text search para optimizar las consultas full-text que buscan por una palabra especifica o una combinación de estas. Estos índices son almacenados en estructuras conocidas como catálogo (full-text catalogs) y juntos son mantenidos como una colección de carpetas y archivos en el disco local de su servidor.

Los catálogos pueden almacenar índices full-text para una o más tabla que pertenezcan a una única base de datos, es decir, un catálogo no puede pertenecer a múltiples bases de datos.

Usted puede almacenar hasta 2GB de texto en un único campo en el SQL Server. Este contenido será indexado y utilizado por el mecanismo de búsqueda del Microsoft Search Service. El principal requisito para la implementación de un Full-Text es la creación de un índice en una columna simple en todas las tablas seleccionadas para el

Full-Text Search.

Cuando el SQL Server recibe una consulta, que exige full-text search, esta envía el criterio de selección al Microsoft Search Service, que hace la búsqueda y devuelve un valor clave y un ranking de valores para cada línea correspondiente. El MSSQLServer service utiliza esa información para montar el result set de la consulta.

Para evitar tener problemas durante el proceso de búsqueda, algunas palabras existentes en medio de una frase se deberán eliminar, ya que no tienen ningún significado, como "and", "is", etc.

Tenemos que destacar que la lista de palabras se puede personalizar.

Implementando Full-Text Search

Antes de ejecutar alguna query es necesario verificar si el servicio Microsoft Search se está ejecutando. Debemos crear índices de full-text en las tablas que serán buscadas.

Podemos iniciar o parar el servicio Microsoft Search de las siguientes maneras:

- Usando el menú de contexto del objeto Full-Text Search en el SQL Server Enterprise Manager.

- Usando el Server Service Manager y seleccionando Microsoft Search.

- Ejecutando net start mssearch (o el net stop mssearch) de la consola de comandos.

Creando Full-Text Index

Debemos tener en cuenta dos puntos importantes cuando trabajamos con Full-Text: la capacidad de realizar queries directamente con campos del tipo carácter y la necesidad de la actualización de los índices.

Cuando trabajamos con full-text indexes, debemos tener en cuenta los siguientes puntos:

- Los índices full-text están almacenados en el file system, pero están gestionados por la base de datos;

- Existe sólo un único índice por tabla;

- La adición de datos en los índices ser realizará por una programación o petición de tarea;

- Los índices existentes en una base de datos están agrupados en un único full-text catalog;

Poblar Índices de Full-Text

Podemos poblar los índices de dos maneras diferentes:

- **Full Population**: Ese método actualizará todos los índices de un catálogo, independientemente de tener o no, cambios en el contenido de los Registros desde la última tarea de población.
- **Incremental Population**: Ese método actualizará los índices de acuerdo con las modificaciones que se realizaron en los registros desde la última tarea de población.

Actualizando Índices de Full-Text

A diferencia de los índices de una base de datos relacional, los índices de full-text, no se actualizan instantáneamente, cuando sucede una actualización de datos o cuando las líneas son insertadas en las tablas registradas para full-text, ni cuando esas líneas son eliminadas.

El proceso de población de datos se debe iniciar manualmente o programando para que suceda en intervalos pre-establecidos. Esos índices son poblados de forma asíncrona por las siguientes razones:

- Es necesario mucho más tiempo para actualizar un full-text index, de lo que normalmente es necesario para un índice relacional
- Las búsquedas de full-text normalmente son menos precisas que las búsquedas por defecto. De ahí de la necesidad de un sincronismo dinámico no es prioritario.

Añadiendo Full-Text Search en una Tabla

Para ello comenzamos abriendo el SQL Server Enterprise Manager.

Expandir el árbol de consola, Databases, northwind y clic en tables.

En el panel de detalles, seleccione la tabla employees y haga clic con el botón derecho, en el menú, seleccione Full-Text Index Table, y haga clic en Define Full-Text Indexing On La Table.

Use las siguientes informaciones para la configuración:

Opción	Valor
Select a unique index	PK_Empleado
Added columns	Notes
Create a new catalog?	Checked
New catalog _ Name	Northwind_catalog
Select or Create Population Schedules (Optional)	No

Usted recibirá la información de la creación del índice y también será informado que el mismo debe ser poblado.

Abra el SQL Server Query Analyzer, y haga un logon para (local) server con Microsoft Windows NT authentication.

Ejecute el siguiente stored procedure para confirmar que el índice fue creado:

USE Northwind
EXEC sp_help_fulltext_tables

Creando Índices Full-Text paso a paso

En el Enterprise Manager, seleccione la base de datos y seleccione la tabla en la que insertará índice, conforme la figura, después haga clic en avanzar.

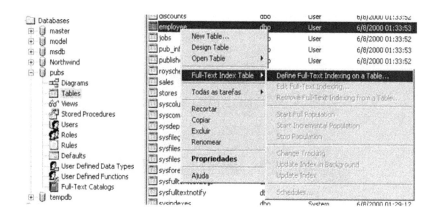

Haga clic en avanzar en la próxima pantalla.

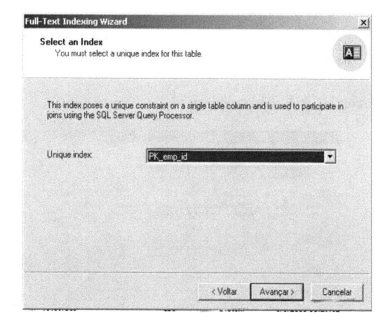

Seleccione las columnas que quiere que formen parte de la Búsqueda full-text.

Escoja el nombre del catálogo:

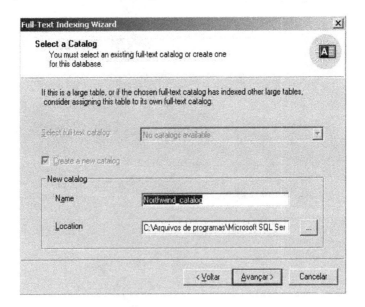

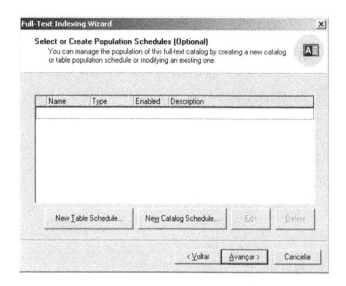

Haga clic en concluir para finalizar.

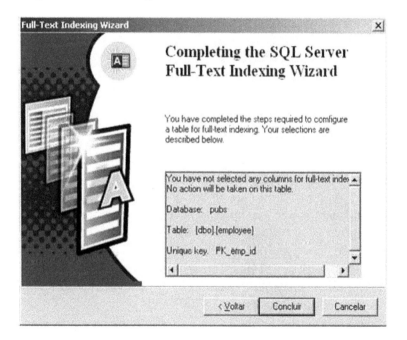

Poblar el catálogo para full-text searching.

Para ello abra el SQL Server Enterprise Manager.

En el panel de detalles, haga clic con el botón derecho en Northwind_catalog y clic en Properties. Vea las informaciones sobre el catálogo y Cierre la ventana de propiedades.

Haga clic con el botón derecho en Northwind_catalog, seleccione Start Population y clic en Full Population para poblar el full-text index.

Haga clic con el botón derecho en Northwind_catalog y seleccione Properties. Vea las informaciones sobre el catálogo. Si abre la ventana de propiedades rápidamente podrá ver que el status de población permanece en "PROGRESS".

Construyendo Full-Text Queries

Con el uso de full-text query usted podrá ejecutar funciones de búsqueda avanzada en los campos de texto en las tablas marcadas para full-text. A diferencia del operador LIKE, que es utilizado para la búsqueda de caracteres, el full-text opera a través de una combinación de palabras y frases, reportando la compatibilidad de los resultados obtenidos por la búsqueda.

Usando Transact-SQL Predicates y Funciones

Usted puede utilizar los siguientes Transact-SQL predicates y funciones Row-set para escribir full-text queries:

- Usando CONTAINS y FREETEXT predicates en las condiciones de búsqueda incluyendo la cláusula WHERE de un SELECT.

- Usando las funciones CONTAINSTABLE y FREETEXTTABLE en la cláusula FROM de un SELECT.

Sintaxis:

CONTAINS({column | *}, '<contains_search_condition>')
FREETEXT({column | * }, 'freetext_string')
CONTAINSTABLE(table, {column | *}, '<contains_search_condition>')
FREETEXTTABLE (table, {column | *}, 'freetext_string')

Vamos a ejecutar algunas queries que utilicen el Full-Text Search.

Para ello abra el SQL Server Query Analyzer y ejecute las

siguientes queries:

```
USE Northwind
SELECT lastname, title, hiredate, notes
FROM employees
WHERE CONTAINS (notes, '"sales management"')

USE Northwind
SELECT lastname, title, hiredate, notes
FROM employees
WHERE CONTAINS (notes, '"sales" AND "management"')

USE Northwind
SELECT lastname, title, hiredate, notes
FROM employees
WHERE CONTAINS (notes, '"sales" NEAR "management"')
```

Configurando el idioma del Full-Text Search

Por defecto, el idioma configurado para Full-Text es el inglés, si prefiera definir el idioma español para que esté por defecto para los índices full-text, puede modificar el valor de la opción de configuración "default full-text language", utilizando el procedure de sistema SP_configure. El script que vemos a continuación muestra cómo se puede hacer esto:

Permite modificar configuraciones avanzadas

```
EXEC sp_configure 'show advanced option', 1
RECONFIGURE WITH OVERRIDE
GO
```

Modifica el idioma por defecto del full-text para Español:

```
(ID 1046)EXEC sp_configure 'default full-text language', '1046'
RECONFIGURE WITH OVERRIDE
GO
```

Elimina el permiso de modificar configuraciones avanzadas:

```
EXEC sp_configure 'show advanced option',0
RECONFIGURE WITH OVERRIDE
GO
```

Volviendo a crear los índices full-text de la tabla Production.Document con el idioma Español.

Elimina el índice full-text de la tabla Employees.Notes:

```
DROP FULLTEXT INDEX ON Employees.Notes
GO
```

Crea el índice nuevamente:

```
CREATE FULLTEXT INDEX ON Employees.Notes(Notes
Type Column FileExtension, Notes LANGUAGE 'Spanish')
KEY INDEX PK_EmployeeID
ON Northwind_Catalogo
WITH CHANGE_TRACKING AUTO
```

Profiler de SQL Server

Los sistemas normalmente no nacen lentos, pero tienden a ser más lentos con el tiempo. El aumento del número de usuarios, la existencia de más procesos concurrentes, el crecimiento del volumen de informaciones almacenadas, la falta (o exceso) de índices y, por fin, la mala calidad del código T_SQL son actores que ocasionan la aparición de cuellos de botella y, consecuentemente la caída de performance.

Antes de pensar que el problema "viene de fuera" y pensar en aumentar la potencia del procesador, discos o memoria, tendrá que realizar un análisis más detallado de los procesos activos en el servidor de base de datos. Muchas veces todo el problema puede ser resuelto con la adición de un índice o filtro en un comando update.

Pero ¿Cómo saber dónde está exactamente el problema?

El SQL Server tiene una utilidad llamada Profiler, que se usa para rastrear los eventos procesados en una base SQL Server. El Profiler es una herramienta de diagnóstico, es decir, esta nos suministra material para el análisis. Cabe destacar que esta no realiza por sí sóla correcciones o cualquier especie de tuning.

Observación: Un evento es una acción generada por el motor del SQL Server así como la conexión de un login, la eliminación de registros de una tabla o la ejecución de una instrucción Transact-SQL. Los eventos se agrupan por categorías y todos los datos generados por un evento se presentan en el profiler, que contiene columnas de datos que describe el evento en detalle.

Usted puede usar el profiler para monitorizar varias áreas de actividad de un servidor, entre las que podemos citar:

- Analizar y monitorizar instrucciones T-SQL y stored

procedures;

- Monitorizar el rendimiento del servidor identificando en tiempo real los eventos que están ocurriendo, su duración, consumo de CPU, consumo de memoria y varias otras informaciones;
- Monitorizar la utilización de índices;
- Auditar actividades de seguridad como, login y logout de los usuarios SQL Server.

Con el profiler, además de poder visualizar lo que acontece en el servidor en tiempo real, usted también puede salvar los datos recolectados para un archivo o aún para una tabla y analizarlos posteriormente.

Usted también puede hacer una correlación entre los eventos encontrados en el profiler y el consumo de CPU del servidor uniendo los datos recolectados con el Profiler con los datos de rendimiento recolectados con el Performance Monitor. Con este recurso es muy fácil, por ejemplo, saber el impacto que un determinado comando o stored procedure causó en el consumo de CPU del servidor.

El Profiler es esencialmente una herramienta administrativa. Por ello, usted necesita ser administrador del SQL Server o tener permiso para utilizarlo. Imagine que exista un usuario en el SQL Server de nombre user_trace, para que este usuario pueda utilizar el Profiler, solamente le tendrá que atribuir el permiso de ALTER TRACE como en el ejemplo que vemos a continuación:

GRANT ALTER TRACE TO user_trace

Para eliminar el permiso, solamente tenemos que utilizar el comando REVOKE como el ejemplo que vemos a continuación:

REVOKE ALTER TRACE TO user_trace

Creando una trace paso-paso

El Profiler es una herramienta para crear traces. Una trace es como una fotografía de los comandos ejecutados por el SQL Server en un determinado intervalo de tiempo. Para crear una trace, seleccione Profiler en el sub-menu Tools del SQL Server (ver Figura 1). En la pantalla principal del Profiler, seleccione File | New | Trace (ver Figura 2).

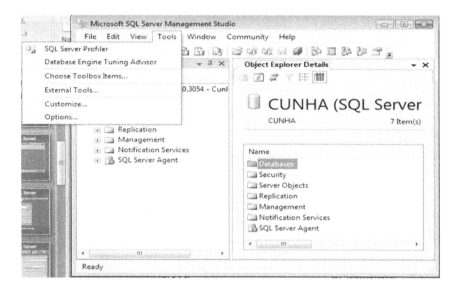

Figura 1 Seleccionando el Profiler en el Sub-menu Tools del Microsoft SQL Server

Figura 2 Creando una trace en el Profiler

Considerando que usted tiene los privilegios necesarios y que ha efectuado la autenticación con éxito, se le mostrará la pantalla para las configuraciones Generales de la trace.

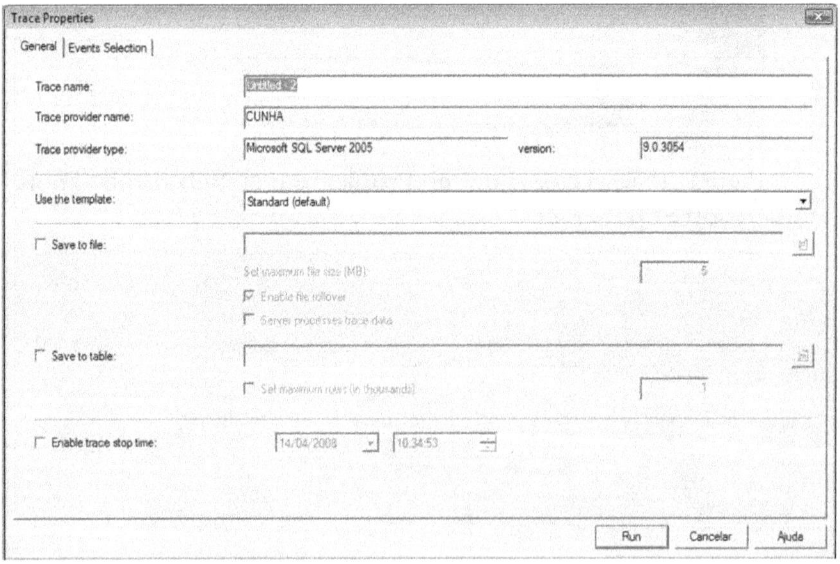

Figura 3 Configuración General de la Trace.

En la pestaña **General** (Figura 3) puede seleccionar un template (modelo con algunos eventos ya pre-seleccionados), optar por guardar los datos recolectados en un archivo o tabla y también tiene que definir un horario de finalización para la monitoreo.

En la pestaña **Events Selection** (Figura 4) puede seleccionar los eventos de los cuales desea recibir notificación cuando estos sucedan. Observe que los eventos están agrupados por categorías de eventos (vea Tabla 1) y todos los datos generados por los eventos se presentan en el profiler a través de las columnas que componen el evento.

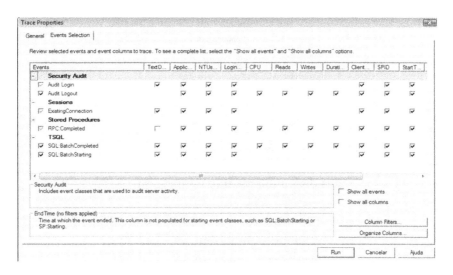

Figura 4 Pestaña Events Selections

Categoría de Eventos

Ver la tabla de a continuación:

Categoría de Eventos	Descrição
Cursors	Producidos por operaciones ejecutadas por cursores.
Database	Producidos cuando los archivos de log o datos de las bases de datos aumentan o disminuyen automaticamente.
Error and Warnings	Producidos cuando un error o alerta es generado en elSQL Server.
Locks	Producidos cuando se adquire un lock, cancelado o liberado.
Objects	Producidos cuando se crean objetos de banco de dados, abiertos, cerrados o excluídos.
Performance	Producidos cuando se ejecutan operaciones de manipulación de datos (DML)
Scans	Producidos cuando se escanean tablas o índices.
Security Audit	Producidos cuando se crean o logins, y/o los premisos son atribuidos/eliminados.
Sessions	Producidos cuando los usuarios o clientes se conectan o desconectan del SQL Server.
Stored procedures	Producidos por la ejecución de stored procedures.
Transactions	Producidos cuando se disparan transacciones en el SQL Server.
TSQL	Producidos por la ejecución de instruciones T-SQL.
User Configurable	Eventos que pueden ser configurados por el usuario.

Las opciones disponibles son (continuación):

- **Enable file rollover**: si el rollover está habilitado y el archivo alcanza el límite definido en Set maximum file size(MB), el archivo en disco se reinicializará. En este caso, se pierde lo que fue registrado en el archivo hasta ese momento.
- **Server process SQL Server trace date**: si algún día se encuentra con la línea de texto en su trace "... Some events may have been lost...", esto quiere decir que el servidor está muy ocupado y optó por no enviar algunos comandos para su trace para ganar un poco de performance de procesamiento. Habilitando esa opción, estará forzando al servidor a enviar todos los comandos procesados hacia la trace, todavía causando pérdida de performance. Se recomienda NO utilizarlo.
- **Save to table**: graba el resultado de la trace en una tabla. Es más fácil de depurar, ya que podemos colocar filtros u

ordenarla como nosotros queramos.

- **Set maximum rows (in thousands):** limita el número de líneas en la tabla originada por la trace.
- **Enable trace stop time**: establece el plazo límite la finalización de la trace.

Templates

Template	Para que serve
Standard	Captura stored procedures y lotes TSQL que estén en ejecución. Monitara atividade geral do servidor.
SP_Counts	Captura el comportamento de la ejecución de stored procedures a lo largo del tiempo.
TSQL	Captura las declaraciones TSQL enviadas al SQL Server por clientes y el momento en el que fueron emitidas.
TSQL_Duration	Captura las declaraciones TSQL enviadas al SQL Server por clientes y su tiempo de ejecución. Las agrupa por duración.
TSQL_Replay	Captura las informaciones sobre las declaraciones TSQL necesarias y la trace si tuviera que de ser reejecutada.
TSQL_Grouped	Captura las declaraciones TSQL enviadas al SQL Server por clientes y el momento en el que fueron emitidas, agrupadas por el usuario o cliente que envió la declaración
TSQL_SPs	Captura las informaciones sobre la ejecución de stored procedures. Se usa para analizar el comportamiento de los stored procedures.

Pestaña events

La pestaña Events (ver Figura 5), muestra una relación de todas las clases de eventos que pueden ser monitorizados en un servidor de base de datos SQL Server. En ese contexto, las clases son agrupaciones de eventos que tienen una característica en común: Tenemos una para controlar la ejecución de procedures, otra para la gestión de locks, etc. El template SQLProfilerStandard, por ejemplo, selecciona automáticamente algunos eventos vistos en la Tabla 2.

Clase	Evento	Para que sirve
Security Audit	Audit Logon	Auditar apertura de sesiones en la base de datos.
	Audit Logoff	Auditar cierre de sesiones en la base de datos.
Sessions	Existent Connections	Lista todas las conexiones activas en la base de datos en el momento en el que la trace es iniciada.
Stored Procedures	RPC:Completed	Lista la ejecución de sp's originadas por conexiones remotas (ADO, ODBC, OLEDB etc).
TSQL	SQL:Batch Completed	Lista las queries ejecutadas fuera del contexto de un stored procedure.

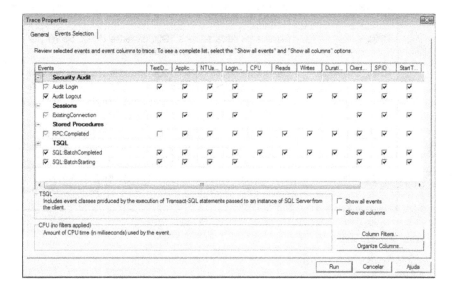

Figura 5 Guía Events

La próxima etapa será definir qué tipo de información queremos visualizar en la trace. El template SQLProfileStandard selecciona una serie de columnas, pero para dejar la pantalla del Profiler más "organizada", podemos mover las columnas hacia arriba o hacia abajo, a través de los botones Up y Down. Como se muestra en la Figura 6.

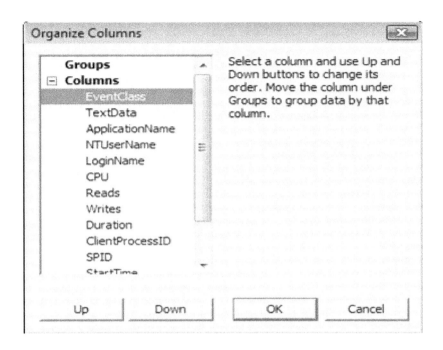

Figura 6 Seleccionando columnas que serán visualizadas en el Profiler.

Pestaña Filters

Finalmente la definición de la trace en la pestaña Filters (ver Figura 7), es utilizada para la refinición de la trace. En esta trace estamos filtrando los procedimientos que tienen duración igual a cinco milisegundos.

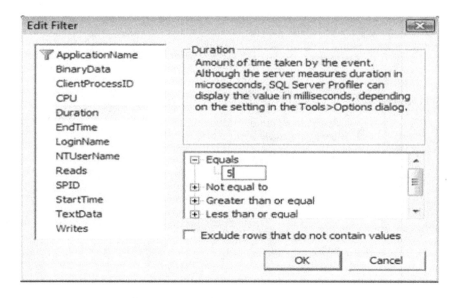

Figura 7 Creando filtros para trace.

Los filtros se utilizan para limitar los eventos rastreados en la trace, reduciendo el número de líneas afectadas, facilitando nuestra comprensión y mejorando el objetivo de nuestro análisis. Podríamos, por ejemplo, filtrar los comandos por un determinado spid. Si deseáramos analizar la ejecución de un stored procedure en particular, podríamos concentrar nuestro análisis solamente en la ejecución de esa sp, utilizando también los recursos de los filtros, como por ejemplo, el filtro ObjectId almacenaría el Id de la sp que queremos analizar.

Concluido el proceso de definición, haga clic en RUN para iniciar la trace (ver Figura 8).

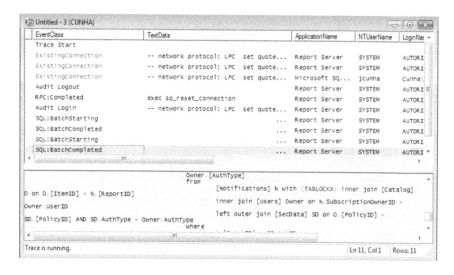

A continuación veremos un resumen del significado de las columnas mostradas en la Figura 8:

- **EventClass**: los eventos rastreados por el Profiler están agrupados en clases.
- **TextData**: se utiliza para la visualización del dato recolectado en la trace. Esa columna depende del tipo de evento capturado (TCP/IP, evento de conexión).
- **ApplicationName**: nombre de la aplicación;
- **LoginName**: login del usuario responsable de la ejecución del comando;
- **CPU**: tiempo de CPU consumido para la ejecución del comando (milisegundos);
- **Reads**: número de páginas leídas en memoria para ejecutar el comando;
- **Writes**: número de páginas grabadas por el comando;
- **Duration**: duración del comando(en milisegundos);
- **SPID**: identificación de la sesión en el SQL Server;
- **Start Time**: horario de inicio de la ejecución del comando.

A través de esta interface es posible:

•Parar la trace: Para esto haga clic en el botón

•Iniciar la trace: Para esto haga clic en el botón

•Iniciar una nueva trace, efectuando toda la parametrización nuevamente: Para esto haga clic en

•Cambie el Template SQLProfilerStandard: Para esto haga clic en

•Carga una trace previamente guardada en archivo .TRC: Haga clic en

•Carga una trace guardada en una tabla en la base de datos: Haga clic en

•Accede a la pantalla de configuraciones generales de la trace: Haga clic en el icono de propiedades

•Busca una determinada string en latrace que acabó de generar: Para esto hagaa clic en

•Efectuar una limpeza en la pantalla: Para esto haga clic en

Ahora vamos a ver un ejemplo práctico. Con el Profiler activo, abra una sesión en el Query Analyzer y ejecute la secuencia de comandos que vemos a continuación:

```
Use Northwind
Go
Create procedure stp_Mostrar_Pedido (@OrderId int)
As
    select O.OrderId, O.CustomerId, O.EmployeeId, d.ProductId,
d.UnitPrice, d.Quantity
    from Orders O inner join [Order Details] d
        on O.OrderId = d.OrderId
        Where O.OrderId = @OrderId
Return
go
```

Con el Profiler activo, abra una sesión en el Query Analyzer y ejecute la secuencia de comandos que vemos a continuación:

```
Exec stp_Muestre_Pedido 10249
go
```

Diríjase al profiler y confirme el resultado (ver la Figura 9).

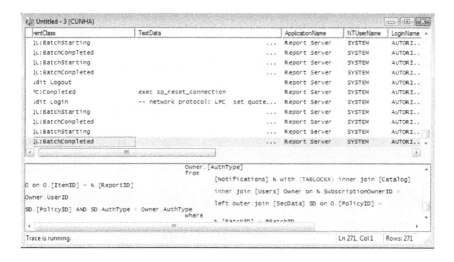

Guardando la Trace

Para guardar la trace, vaya hasta la opción File de la barra del menú y seleccione Save As (ver Figura 10).

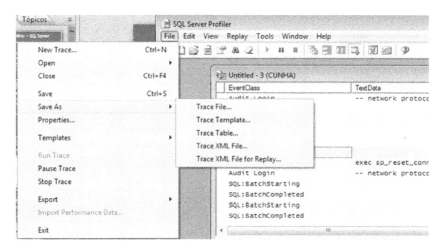

Figura 10 Guardando la trace

Las opciones disponibles para guardar la trace son:

- **Trace Template**: se utiliza para generar un template (archivo con extensión .tdf, de Template Data File);
- **Trace File**: guarda un archivo en el disco con extensión .trc con el resultado de la trace;
- **Trace Table**: almacena el resultado de la trace en una tabla.
- **SQL Script**: genera un archivo de texto (extensión .sql) con el lote de comandos T-SQL necesarios para crear y ejecutar la trace.

Conclusión

Cuando se trata de tuning, el Profiler es una herramienta indispensable. El Profiler es un herramienta que merece la pena ser analizada, con miras a la optimización de procesos.

Backup de Base de Datos

Como un sistema de uso continuo y que almacena datos críticos, una base de datos por lo general es el sistema más importante de una organización. Por lo tanto, un SBD debe poseer varias características para evitar fallos catastróficos y no catastróficos. Recuperarse de fallos significa que la base de datos debe volver al estado consistente más reciente antes del fallo catastrófico. Un fallo catastrófico es aquel que provoca la corrupción del sistema en donde no se puede conseguir una solución por medios normales. En general, para evitar este tipo de fallo, el ABD estructura la base de datos para que no pueda ser fácilmente atacada por fallos catastróficos, mantiene copias de seguridad continuas para el sistema de restablecimiento y busca mantener servidores en RAID y en sistemas paralelos. Los fallos no catastróficos son, en general, fallos en operaciones y transacciones que pueden interferir en la integridad de una base de datos. En estos casos, el SBD mantiene recursos para permitir la recuperación de fallos.

Recuperación de transacciones no catastróficas

Existen principalmente dos tipos de recuperación para fallos no catastróficos. En primer lugar, están las técnicas de actualización aplazada, que no actualizan una base hasta que todos los cambios se han confirmado (commit). De modo que cuando se produce un fallo, los resultados de las transacciones están almacenadas en la memoria, mientras que la base de datos no ha cambiado con lo que no es necesario una reversión de las operaciones de la transacción (rollback) y la recuperación consiste en volver a hacer las operaciones de las transacciones confirmadas después del último checkpoint del registro (log). La desventaja de esta técnica es que se puede necesitar mucho espacio de buffer intermedio para mantener los datos antes de escribirlos en el disco. En el segundo tipo de recuperación, existen las técnicas de actualización inmediata, algunas operaciones de la transacción pueden actualizar la base de datos, incluso sin que la transacción se haya completado. Estos cambios son grabados en el registro y luego se almacenan en el disco. En este caso, es necesario revertir las transacciones confirmadas usando como accesorio, el registro del sistema.

Recuperación de fallos catastróficos

Las técnicas discutidas anteriormente están relacionadas con fallos no catastróficos. Se considera que el registro del sistema no está dañado y se puede utilizar para recuperar la base de datos. Sin embargo, un ABD también debe protegerse contra fallos catastróficos, como errores en el disco o la corrupción del archivo de registro.

La primera es la aplicación de la técnica de copia de seguridad (backup) de la base de datos en la que la base de datos y su archivo de registro deben ser copiados periódicamente. En este sentido, es posible recuperar el estado más reciente de la base de datos (almacenada en cinta) a fin de no perder toda la estructura de la base de datos. Para las bases donde se cambian los datos muy a menudo, otra opción puede ser la copia de seguridad de registro que en lugar de almacenar toda la base de datos almacena sólo el listado de cambios. Por lo tanto, para recuperar una base de datos, se utiliza la última copia de seguridad de la base de datos que está disponible, y entonces se aplican los cambios de la última copia de seguridad del registro.

Como en general, los fallos catastróficos no se pueden predecir directamente, los ABD deben estructurar las bases de datos para minimizar los efectos de un posible fallo de este tipo. En general, se evita tener un conjunto específico de datos en un solo servidor: una buena política para la construcción de bases de datos requiere el uso de sistemas como RAID y el uso de servidores en paralelo. Los medios de copia de seguridad no deben permanecer en el mismo entorno de servidores, deben, si es posible, permanecer en un lugar seguro. Algunas organizaciones mantienen servidores con la misma configuración para reemplazar un servidor que muestra un problema: de preferencia uno de estos servidores debe estar fuera del entorno de la organización y debe ser posible acceder a él de forma rápida en caso de fallo. Los servidores de BD deben permanecer en lugares seguros y de difícil acceso para proporcionar protección contra el daño ambiental y humano.

Como en la actualidad la información es el valor más preciado de la empresa y al estar estas informaciones almacenadas en las bases de datos de la empresa, es de fundamental importancia que tengamos una estrategia bien definida para la protección de este bien tan valioso.

Debemos preocuparnos no sólo de la pérdida de los datos, pero también con accesos indebidos o incluso el robo de informaciones.

Observación: Si un competidor consigue invadir su red y copiar los datos estratégicos de su empresa usted tendrá con un gran problema.

Posible problemas con los que nos podemos encontrar:

- Invasiones y ataque de hackers.
- Pérdida de informaciones debido a problemas con virus.
- Acceso indebido a la informaciones.
- DELETE FROM Cliente
- Desastres naturales.
- Incendios
- Inundanciones
- Fallos de hardware
- Acciones de vandalismo o violencia urbana

Un factor que debemos tener en consideración, a la hora de montar nuestra estrategia de backup/restore y de protección de los datos, es el valor de la información que está siendo protegida. Si la información que va a ser protegida es de valor estratégico para la empresa, y los datos necesitan estar siempre disponibles y ni se imagina la hipótesis de perderlos; es evidente que los gastos para proteger estas informaciones serán elevados, sin embargo son mucho más fáciles de justificar.

Observación: El nivel de inversión en seguridad y backup es proporcional a la importancia de los datos para la empresa.

Debemos identificar los requisitos de disponibilidad de los datos cuando vayamos a escoger nuestra estrategia de backup/restore. Vamos a suponer que el requisito es: los datos deben estar disponibles el 100% del tiempo. En este caso es plenamente justificable la utilización de dos o más servidores con copias idénticas de los datos, de tal forma que, si uno de estos tiene problemas, uno de los otros puede pasar a ser el servidor principal en su lugar.

En esta situación, la simple utilización de backups en cinta o disco externo no tiene el requisito de disponibilidad, ya que los datos no estarían disponibles durante el tiempo de restauración de la cinta con la base de datos.

- RAD.
- Snapshot.
- Mirroring.
- Replicación.

Algunas cuestiones que se debe tener en consideración en el momento en el que elaboramos uestra estrategia de backup/restore: -
-> Planificación

- ¿Cuáles son los requisitos de disponibilidad? ¿La Base de Datos tiene que estar on-line 24 horas del día, siete días a la semana o puede ser colocada off-line en determinados horarios?
- ¿Cuál es el coste de parar las operaciones de la empresa debido a la indisponibilidad de los datos? ¿Cuál es el coste? ¿Financiero y para la imagen de la empresa? ¿Cuándo ha estado la web de la empresa no disponible, debido a problemas con la base de datos?
- En caso de un fallo de hardware ¿Cuál es el tiempo

aceptable hasta la restauración de la normalidad?

- ¿Su empresa tiene un DBA dedicado o es un servicio externalizado? ¿Quién es el responsable de las rutinas de backup? ¿Quién es el responsable de verificar si los procedimientos de backup/restore se están realizando en conformidad con la estrategia propuesta?

Recomendación: No basta con hacer el backup, necesitamos de una estrategia de pruebas y simulación de restauración de los datos, ya que muchas veces el backup se completa sin problemas, pero a la hora de restaurar los datos es cuando suceden los problemas. Por eso, la rutina de pruebas de restauración a partir de los backups debe formar parte de nuestra estrategia de backup.

También conocido como dump, un backup de la base de datos es la operación de copiar los datos en un dispositivo físico de backup. Este mismo puede ser a través del Enterprise Manager o con el comando BACKUP.

Para realizar un backup, no es necesario parar el SQL ni desconectar a sus usuarios, sin embargo, la realización del mismo con usuarios conectados hace con que haya una caída brusca de performance.

Existen 4 tipos diferentes de backups en el SQL Server:

- **Backup Completo**: en este tipo de backup, se copia toda la base de datos.
- **Backup Log**: en este caso se realiza un backup del Log de transacciones.
- **Backup Diferencial**: se utiliza el backup diferencial, sólo serán copiadas las informaciones que fueron modificadas desdel último backup completo.
- **File y Filegroup**: Una base de datos puede estar formada por varios archivos, y esos archivos pueden ser copiados individualmente.

El backup de filegroup y el backup de archivos de datos pueden ser una solución para Bases de Datos muy grandes, en las que incluso un backup diferencial no cabría en la ventana de tiempo del backup.

Estrategias de Backup/Restore

Vamos a ver algunos ejemplos teóricos de estrategias de backup/restore, donde consideramos los diferentes tipos de backups: completo, diferencial y del log de transacciones.

Ejemplo 1:

El backup completo diario de la base de datos. Vamos a considerar la programación de backup descrita en la Tabla 1.

Tabla 1 Backup completo de la base de Datos

Día	Backup/horario(s)
Lunes	Completo a las 23h
Marte	Completo a las 23h
Miércoles	Completo a las 23h
Jueves	Completo a las 23h
Viernes	Completo a las 23h
Sábado	Completo a las 23h
Domingo	Completo a las 23h

- **Hipótesis**: El jueves, a las 9 horas de la mañana la base de Datos se corrompe.
- **Recuperación de la base de Datos**: En esta situación solamente podremos restaurar los datos en la situación en que estos estaban el miércoles, a las 23 horas, que fue el horario del último backup completo. Todas las modificaciones realizadas, entre las 23 horas del miércoles y el momento en el que la base de Datos se corrompió, se

habrán perdido.

- **Procedimiento de restore**: Restaurar el último backup completo disponible, que en este caso es el backup del miércoles.

Ejemplo 2:

El backup completo se ha realizado con backup del log de transacción: En esta estrategia hacemos un backup completo de la base de Datos en periodos más espaciados, digamos una o dos veces por semana. Entre un backup completo y otro, se realizan backups del log de transacciones. Vamos a considerar la programación de backup descrita en la Tabla 2.

Tabla 2 Backup completo de la base de Datos más el backup del log de transacciones.

Dia	Backup/horario(s)
Sábado	Completo a las 23h
Domingo	Backup del log a las 9h, 12h, 15h e 18h
Lunes	Backup del log a las 9h, 12h, 15h e 18h
Martes	Backup del log a las 9h, 12h, 15h e 18h
Miércoles	Backup del log a las 9h, 12h, 15h e 18h
Jueves	Backup del log a las 9h, 12h, 15h e 18h
Viernes	Backup del log a las 9h, 12h, 15h e 18h
Sábado	Completo a las 23h

- **Hipótesis**: El jueves, a la 9h30 la base de Datos se corrompe.
- **Recuperación de la base de Datos**: En esta situación

231

podremos restaurar los datos a la situación en los que estos estaban el jueves, a las 9h, que fue el horario del último backup del log de transacciones. Todas las modificaciones realizadas entre 9h y 9h30 del jueves, y el momento en el que la base de Datos se corrompió, se habrán perdido.

- **Procedimiento de restore**: Restaurar el backup completo del Sábado a las 23h y todos los backups del log de transacciones, en la secuencia correcta, hasta el backup del log de transacciones del jueves a la 9h.

Observe que en esta situación tendríamos que restaurar 18 backups:

- Uno completo del sábado
- Cuatro backups del Log del domingo (9h, 12h, 15h y 18h)
- Cuatro backups del Log del lunes (9h, 12h, 15h y 18h)
- Cuatro backups del Log del martes (9h, 12h, 15h y 18h)
- Cuatro backups del Log del miércoles (9h, 12h, 15h y 18h)
- Un backup del Log del jueves (9h).

Ejemplo 3:

El backup completo se ha realizado con el backup diferencial y con el backup del log de transacciones. Vamos a considerar la programación de backup descrita en la Tabla 3.

Tabla 3 Utilizando backups completos, diferencial y del Log.

Dia	Backup/horario(s)
Sábado	Completo a las 23h
Domingo	Backup del log (9h, 12h, 15h e 18h)
Lunes	Backup del log (9h, 12h, 15h e 18h)
Martes	Backup del log (9h, 12h, 15h e 18h)
Miércoles	Backup del log (9h, 12h, 15h e 18h) Backup diferencial a las 23h
Jueves	Backup del log (9h, 12h, 15h e 18h)
Viernes	Backup del log (9h, 12h, 15h e 18h)
Sábado	Diferencial a las 23h
Domingo	Backup del log (9h, 12h, 15h e 18h)
...	

- **Hipótesis**: El jueves, a las 9h30, la base de Datos se corrompe.

- **Recuperación de la base de Datos**: En esta situación podremos restaurar los datos a la situación en la que estos estaban el jueves, a las 9h, que fue el horario del último backup del log de transacciones. Todas las modificaciones realizadas entre las 9h y 9h30 del jueves, y el momento en el que la base de Datos se corrompió, se habrán perdido.

- **Procedimiento de restore**: Restaurar el backup completo del sábado a las 23h, después restaurar el backup diferencial del miércoles a las 23h y el backup del log de transacciones del jueves a la 9h.

Observe que en esta situación tendríamos que restaurar tres backups:

- Uno completo del sábado
- Uno diferencial del miércoles (23h)
- Un backup del log del jueves (9h)

Queda bastante claro que la utilización del backup diferencial facilita mucho el proceso de restauración de la base de Datos.

Backup Devices

Un backup device es un concepto que asocia un dispositivo físico de backup, como un driver de cinta o un volumen en un disco rígido.

- Los Backup devices de disco: este tipo de device está asociado con un archivo en el disco.
- Los Backup devices de cinta: este tipo de backups devices están asociados con un drive de cinta.

Recovery model

El modelo de recuperación es una propiedad de la base de datos, la cual afecta a la manera de cómo son ejecutadas las operaciones de backup y restore de una base de datos. Las operaciones de backup y restore se ejecutarán de diferentes maneras, dependiendo del recovery model configurado para la base de datos.

- **Full recovery model**: una base de datos configurada para utilizar este modelo mantiene en el log de transacciones el registro de todas las operaciones de datos, ejecutadas en la base de datos. (SELECT INTO, CREATE INDEX, ...)
- **Bulk-Logged recovery model**: una base de datos configurada para este modelo guarda una cantidad mínima de operaciones masivas, tales como la creación de índices e importación masiva de datos. (mejora el rendimiento para las actualizaciones masivas).
- **Simple recovery**: una base de datos configurada para este modelo guarda una cantidad mínima de informaciones en el log de transacciones, solamente las informaciones para

mantener la consistencia de la base de datos.

Realizar un backup con query analyzer

USE master
EXEC sp_addumpdevice 'disk', 'bknw', 'C:\backups\bknk.bak'
BACKUP DATABASE northwind TO Disk = 'bknw'

USE master
EXEC sp_addumpdevice 'disk', 'bklog', 'C:\backups\bklog.bak'
BACKUP LOG northwind TO bklog

Realizar un restore con query analyzer

RESTORE DATABASE northwind FROM bknw
RESTORE LOG northwind FROM bklog

Programando Tareas

Podemos automatizar una serie de tareas administrativas, a través de la creación de jobs. Un job es una tarea administrativa, compuesta de uno o más pasos, la cual es programada para ejecutar automáticamente, en las fechas y horarios determinados, en las configuraciones del job.

Normalmente se programan, para la ejecución automática, aquellas tareas rutinarias que el DBA debe ejecutar, como backups, mantenimiento de índices y cualquier otra tarea que tenga que ser ejecutada periódicamente. Con eso liberamos al DBA de una serie de tareas administrativas repetitivas.

Para que la ejecución de tareas funcione correctamente, el servicio SQL Server Agent debe de estar ejecutándose. Lo ideal es que este servicio sea configurado para iniciarse automáticamente.

Programar Tareas. Facilitando la Vida del Administrador

Podemos automatizar una serie de tareas administrativas a través de la creación de jobs. Un job es una tarea administrativa, compuesta de uno o más pasos, la cual es programada para ejecutarse automáticamente, en las fechas y horarios determinados, en las configuraciones del job.

Para que la ejecución de tareas funcione correctamente, el servicio SQL Server Agent se debe de estar ejecutando. Lo ideal es que este servicio sea configurado para inicializarse automáticamente.

Además del servicio SQL Server Agent, también necesitamos de la Base de Datos msdb. Es en esa Base de Datos donde quedan almacenadas las informaciones y las programaciones de los jobs.

SELECT * FROM dbo.sysjobs_view

Creando un Job Paso a Paso

A título de ejemplo, vamos a crear un job que hace el backup completo de la Base de Datos Northwind, para el backup device del "ejercicio1". Vamos a programar este job para que se ejecute diariamente a las 23h.

Siga los pasos indicados que vemos a continuación:

- Abra el SQL Server Management Studio.
- Expanda la opción SQL Server Agent.
- Haga clic con el botón derecho del mouse en la opción Jobs, y seleccione New Job. Aparece la ventana Properties.
- Teclee el nombre del Job BackupNorthwind.

- En la lista Category, seleccione Database Maintenance. Este campo sólo atribuye una determinada categoría al Job, lo que ayuda en la identificación de las funciones del mismo.
- En el campo owner, podemos seleccionar el "dueño" del job. Usuario logueado y que creó el objeto.
- En el campo Description, teclee el siguiente: Hace el backup de la base de datos Northwind, diariamente, a las 23h.
- Haga un clic en la pestaña Steps. En esta pestaña podremos definir los pasos que el job ejecutará.
- Para crear un nuevo paso, haga un clic en el botón New. Aparece una nueva ventana.
- Rellene los campos de la siguiente manera:
  - **Step Name**: backupDeNorthwind
  - **Type**: Transact-SQL Script (T-SQL)
  - **Database**: Seleccione Northwind
  - **Command**: Teclee el siguiente comando:
    - BACKUP DATABASE Northwind TO ejercicio1
- Haga clic en Parse, para verificar la sintaxis del comando.
- Haga clic en OK.
- Haga clic en la pestaña Schedules.
- Haga clic en el botón New para crear un nuevo programa.
- Para el nombre del programa teclee DiarioALas23Horas
- Certifica que la opción Recurring esté marcada.
- Haga las configuraciones de acuerdo con nuestro propósito, que es ejecutarse diariamente a las 23 horas.
- Haga clic en OK.

Atención: El device "ejercicio1" ya debe estar creado.

Observación: No es necesario esperar hasta a las 23 horas para ver que se ejecuta el job. Podemos ejecutar el job manualmente, en cualquier momento. Para eso basta con hacer clic con el botón derecho del mouse en el job y, en el menú que aparece, haga clic en Start Job.

Seguridad en el SQL Server

De modo simplificado, la seguridad en el acceso a la informaciones significa que el usuario debe ser capaz de acceder a los datos necesarios con el nivel de acceso suficiente (y no más que suficiente), para que el usuario realice su trabajo.

A través del mecanismo de seguridad también evitamos que personas no-autorizadas tengan acceso a los datos. Para ello tenemos que tener en cuenta:

- Una visión general de la seguridad.
- Tipos de seguridad disponibles.
- El rol, creación y administración de Schemas y User Logins.
- Como atribuir permisos a los objetos de una base de Datos.
- Que son Roles, como crearlos y administrarlos.
- La planificación y gestión de la seguridad.

La seguridad en el SQL Server se basa en los siguientes conceptos:

- Logins.
- User Accounts
- Schemas.
- Roles.
- Permissions.

Primero Necesitamos Conectar con el Servidor SQL Server

El primer paso para que el usuario pueda acceder al servidor SQL Server es establecer una conexión con una instancia del servidor SQL Server.

Los modos de autenticación posibles son los siguientes:

- Windows Authentication mode.
- SQL Server and Windows Authentication mode.

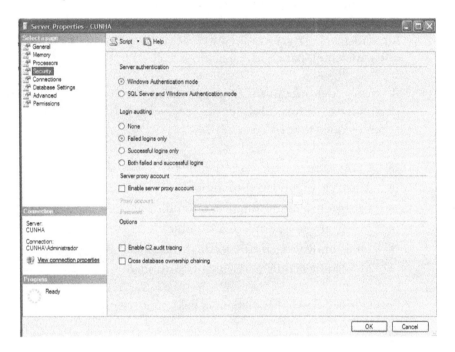

Permisos para ACCEDER A los Objetos DE LA BASE de Datos

Hacer el Logon en el SQL Server no garantiza el acceso a una o más Bases de Datos. Usted necesita tener permiso de acceso a la(s) Base(s) de Datos y, además, también necesita tener permiso de acceso a los objetos de la base de Datos.

El usuario necesita pasar por dos niveles de seguridad:

- Permiso   para   hacer   la   conexión   con   el

SERVIDOR\INSTANCIA.
- Permiso para acceder a una o más Bases de Datos.

Conecté con el Servidor, tengo permiso de acceso a la Base de Datos y aun así no consigo ejecutar una consulta. ¿Qué está sucediendo?

El hecho de poder definir los permisos para cada objeto nos da una gran flexibilidad. A partir de esta flexibilidad es cómo podemos definir los diferentes niveles de acceso para los diferentes usuarios, lo que es bastante común y necesario en las aplicaciones actuales.

Algunos usuarios deben tener permiso de lectura a los datos; otros de lectura y modificación; otros de lectura, modificación y eliminación y así sucesivamente.

Schema - Principal

Principal: un principal es considerado cualquier objeto que pueda solicitar acceso a recursos del SQL Server, por ejemplo, usuarios y grupos de windows, logins y roles del SQL Server, y applications roles.

Schema: un schema es un conjunto de objetos, todos los objetos pertenecientes a un schema tienen como dueño el mismo principal.

En el SQL Server todos los objetos de una base de Datos tienen como dueño un schema. Veamos un ejemplo:

Servidor.Base_de_Datos.Schema.Objeto

Observación: En el SQL Server 2000 el usuario es dueño del objeto y no del schema.

En el SQL Server 2000 el nombre completo sería de la siguiente manera:

Servidor.Base.Usuario.Objeto

A continuación veremos un ejemplo:

Cunha.Ventas.jcunha.Cliente

Si fuera necesario, por algún motivo, cambiar el dueño de la tabla cliente para jsilva. Entonces usted tendría que cambiar el schema para:

Cunha.Ventas.mrodriguez.Cliente

A partir del SQL Server 2005 los objetos de la base de Datos están contenidos dentro de un schema, como por ejemplo:

Cunha.Ventas.Datos.Cliente

De esta forma, si fuera necesario por algún motivo, cambiar el dueño de la tabla cliente de mrodriguez, el schema no necesitará ser modificado.

Resumiendo:

- Un schema es un container de objetos.
- Todo objeto pertenece a un schema.
- Todos los objetos de un schema tienen el mismo dueño, que es el dueño del schema.
- Los permisos pueden ser atribuidos para el schema y también para los objetos dentro del schema.

Las principales ventajas de la separación entre usuarios y schemas son:

- Varios usuarios pueden ser dueños de un schema, a través de la definición de una rol o un grupo de Windows, como dueño del schema.
- El proceso de eliminación de un usuario es mucho más simplificado. Para eliminar a un usuario, no es necesario

modificar el dueño de todos los objetos de aquel usuario, a partir del SQL Server 2005 el usuario ya no es el dueño del objeto y sí del schema.

• Con la posibilidad de definición de permisos directamente a un schema y también a los objetos contenidos en el schema, podemos definir un nivel de permisos de una manera mucho más gradual que en el SQL Server 2000.

Creando Logins con comandos T-SQL

Tabla 1 Mandos para añadir logins

Comando	Utilizado
Sp_grantlogin	Para añadir logins de Windows. podemos añadir usuarios o grupos. Utilizamos el formato DOMINIO\nombre o SERVIDOR\nombre.
Sp_addlogin	Para añadir nuevos logins del SQL Server, para el caso en el que estamos utilizando el modo de seguridad SQL Server.

La sintaxis del comando sp_grantlogin es la siguiente:

exec sp_grantlogin "DOMINIO\nombre"

o

exec sp_grantlogin [DOMINIO\nombre]

o

exec sp_grantlogin "SERVIDOR\nombre"

Por ejemplo, para añadir el usuario chico, al dominio CUNHA, utilice el siguiente comando:

Exec sp_grantlogin "CUNHA\chico"

Podemos eliminar el permiso de login a un usuario o grupo de Windows, utilizando el comando sp_revokelogin.
Las sintaxis del comando sp_revokelogin es la siguiente:

exec sp_revokelogin "DOMINIO\nombre"

o

exec sp_revokelogin [DOMINIO\nombre]

o

exec sp_revokelogin "SERVIDOR\nombre"

Por ejemplo, para eliminar el permiso de login del usuario chico, del dominio CUNHA, utilice el siguiente comando:

Exec sp_revokelogin "CUNHA\chico"

Observación sobre el comando sp_revokelogin: Al eliminar el permiso de login, el usuario no podrá conectarse más con el servidor SQL, a menos que uno de los grupos a los cuales el usuario pertenezca tenga permiso de login.
Recuerde que el usuario siempre hereda los permisos del grupo.

Podemos negar, explícitamente, el permiso de login a un usuario o grupo de Windows, utilizando el comando sp_denylogin. En este caso, la cuenta del usuario o grupo continúa en la lista de logins, sin embargo tendrá el derecho de conexión con el servidor SQL, explícitamente negado.

La sintaxis del comando sp_denylogin es la siguiente:

Exec sp_denylogin "DOMINIO\nombre"

o
Exec sp_denylogin [DOMINIO\nombre]

o

Exec sp_denylogin "SERVIDOR\nombre"

Por ejemplo, para negar, explícitamente, el permiso de login del usuario chico, del dominio CUNHA, utilice el siguiente comando:
Exec sp_denylogin "CUNHA\chico"

Observaciones sobre el comando sp_denylogin: Sp_denylogin no se puede ejecutar como parte de una transacción definida por el usuario o por un aplicativo que el usuario está utilizando.

Para permitir que el usuario vuelva a conectarse, eliminando el efecto de sp_denylogin, podemos utilizar sp_grantlogin.

Ahora vamos a tratar sobre los comandos para añadir y eliminar logins del propio SQL Server, los cuales pueden ser utilizados, cuando la instancia del SQL Server esté configurado con el modo de autenticación SQL Server and Windows Authentication.

Para elloo utilice el comando sp_addlogin. La sintaxis del comando sp_addlogin:

```
Sp_addlogin [ @loginame = ] 'login'
        [ , [ @passwd = ] 'password' ]
        [ , [ @defdb = ] 'database' ]
    [ , [@deflanguage = ] 'language' ]
    [ , [ @sid = ] sid ]
    [ , [ @encryptopt = ] 'encryption_option' ]
```

Observe que podemos definir una serie de opciones, tales como la contraseña, la base de Datos asociada al login, un identificador de seguridad único (sid) y la definición de si la contraseña va a ser encriptada o no cuando se almacene en el servidor.

Sid es un varbinary(16)

Por ejemplo, para añadir el usuario Juan1, con contraseña en blanco y asociado a la Base de Datos Northwind

Exec sp_addlogin "Juan1", "", "Northwind"

Para eliminar un login SQL Server, podemos utilizar el comando sp_droplogin. La sintaxis para el comando sp_droplogin es la siguiente:

Exec sp_droplogin "nombre"

Por ejemplo, para eliminar al usuario Juan1, podemos utilizar el siguiente comando:

Exec sp_droplogin "Juan1"

Algunas observaciones sobre el comando sp_droplogin: Sysadmin y securityadmin tienen permiso para utilizar ese comando. Si el login que está siendo eliminado está añadido como usuario de alguna Base de Datos, el login no podrá ser eliminado.

Los siguientes logins no podrán ser eliminados:

- El login de administración sa
- Un login que esté actualmente conectado con el servidor.

Al crear un login en el SQL Server, debemos tener los siguientes hechos en consideración:

- Un login no puede contener el caracteres de barra invertida \ como parte del nombre.
- Los logins y contraseñas pueden contener hasta 128 caracteres, incluyendo letras, símbolos y dígitos.
- No podemos añadir un login con el mismo nombre de un login reservado, como por ejemplo sa o public.
- El nombre de login no puede contener el valor NULL o ser una string vacía "".

Creando Roles

Podemos utilizar Roles para simplificar la atribución de permisos de acceso a los objetos del SQL Server. Los Roles son similares al concepto de grupos de usuarios de Windows.

Por ejemplo: Role --> FinanzasrConsulta y otro Role --> FinanzasModfiicacion.

En la base de Datos Finanzas damos permisos solamente de lectura para el rol FinanzasConsulta y de lectura/Escritura y eliminación para el rol FinanzasModificacion. Después, incluimos a los usuarios que necesitan de acceso solo lectura en el rol FinanzasConsulta, y los que necesitan de acceso de mantenimiento en la base de datos, los incluimos en el rol FinanzasModificacion.

Si un usuario no debe tener más veces acceso de modificación, solamente tenemos que retirarlo del rol FinanzasModificacion.

Existen algunas roles que ya están creados en el momento de la instalación. Tenemos las llamadas Server Roles y las Databases Roles.

Tabla 2 Permisos asociados con las principales Server Roles.

Role	Permissões para os membros dessa Role
Sysadmin	Poderes totales sobre todos los objetos del servidor.
Securityadmin	Puede gestionar logins del servidor.
Serveradmin	Puede configurar la mayoria de las opciones del servidor.
Diskadmin	Gestiona los archivos de una base de dados.
Dbcreator	Crea y modifica Bases de Dados.
Processadmin	Gestiona procesos ejecutándolos en el SQL Server.
Setupadmin	Puede gestionar y configurar la replicación entre servidores SQL Server y extender los store procedures.

Observación: no es posible crear nuevos roles de servidor

También tenemos algunos roles predefinidas para la Base de

Datos. En la Tabla 3, tenemos la descripción de estos roles.

Tabla 3 Permisos asociados con los principales Fixed Databases Roles.

Role	Permissões para os membros desta role.
db_owner	Tiene puederes totales sobre la base de dados.
db_accessadmin	Puede añadir y eliminar usuarios de la Base de Dados.
db_datareader	Puede leer datos en todas las tablas de usuario de la BD.
db_datawriter	Puede añadir, modificar o eliminar datos en todas las tablas de usuario de la BD.
db_ddladmin	Puede añadir, modificar o eliminar objetos de la BD.
db_securityadmin	Puede gestionar roles y añadir o eliminar usuarios de los roles del la BD. Puede gestionar los permisos para objetos de la BD.
db_backupoperator	Puede hacer el backup de la BD.
db_denydatareader	No puede consultar datos en ninguna de las tablas de la BD, pero puede efectuar modificaciones en la estructura de la BD y de sus objetos.
db_denydatawriter	No puede modificar datos en la base de Datos.

Existe un rol llamado public. Todos los usuarios añadidos a una base de datos automáticamente pertenece a este role. No podemos añadir nuevos usuarios a este rol, ya que cualquier usuario o rol que se añade a la base de Datos formará parte de este role.

El rol Public no puede ser eliminado.

Debemos tener cuidado con los permisos atribuidos a este, ya que todos los usuarios de la base de Datos forman parte de este.

Si el rol public es utilizado correctamente, puede simplificar la administración, en determinadas situaciones. Por ejemplo, si todos los usuarios de una base de Datos deben tener acceso de lectura, basta con dar permiso de lectura al rol public. Como todos los usuarios pertenecen al rol public, estos heredarán el permiso de lectura, atribuido al rol public.

Creando Nuevos Roles Usando T-SQL

Para añadir un nuevo rol a una base de Datos, utilizamos el comando sp_addrole, su sintaxis es como vemos a continuación:

exec sp_addrole "nombre", "dueño del rol"

Por ejemplo, para añadir un rol llamado prueba, cuyo dueño se llamará Cliente, haga lo siguiente:

exec sp_addrole "prueba", "Cliente"

Observaciones: Si no se especifica el parámetro dueño, el dueño del rol será el Schema dbo: database owner.

No podemos crear nuevos roles a nivel de servidor, solamente a nivel de BD.

Para excluir un role, podemos utilizar el comando sp_droprole. La sintaxis de sp_droprole es la siguiente:

exec sp_droprole "nombre"

A continuación veamos un ejemplo:

exec sp_droprole "prueba"

El comando sp_helprole " suministra informaciones sobre todos los roles de la BD. Por ejemplo:

Use Northwind
exec sp_helprole

Permiso de Acceso a la base de Datos (T-SQL)

Para añadir un logins a la lista de usuarios autorizados a acceder a una base de Datos, utilizamos el comando sp_grantdbaccess.

La sintaxis de sp_grantdbaccess es la siguiente:

use database
exec sp_grantdbaccess "nombre de login"

Por ejemplo, para añadir al usuario user1, del dominio CUNHA a la base de Datos Northwind, haga lo siguiente:

Use Northwind
Exec sp_grantdbaccess "CUNHA\user1"

Eliminando el acceso: Para retirar el permiso de acceso al usuario a una base de Datos, utilice el comando sp_revokedbaccess.

Por ejemplo, para eliminar el acceso al usuario CUNHA\user1, de la base de Datos Northwind, haga lo siguiente:

Use Northwind
Exec sp_revokedbaccess "CUNHA\user1"

Añadiendo Usuarios Como Miembro de Uno o Más Roles

Para añadir a un usuario a un rol de servidor, utilice el siguiente comando:

Exec sp_addsvrrolemember "login", "rol"

Por ejemplo, para añadir a los usuarios user 1 y user2 del servidor CUNHA al rol sysadmin, haga lo siguiente:

Exec sp_addsvrrolemember "CUNHA\user1", "sysadmin"
Exec sp_addsvrrolemember "CUNHA\user2", "sysadmin"

Para eliminar a un usuario de un rol del servidor, utilice el comando sp_dropsvrrolemember.

Por ejemplo, para eliminar a los usuarios user1 y user2 del servidor CUNHA del rol sysadmin, haga lo siguiente:

Exec sp_dropsvrrolemember "CUNHA\user1", "sysadmin"
Exec sp_dropsvrrolemember "CUNHA\user2", "sysadmin"

Para añadir a un usuario a un rol de Base de Datos, utilice el siguiente comando:

Use database
Exec sp_addrolemember "role", "usuario"

Por ejemplo, para añadir a los usuarios user1 y user2 del servidor CUNHA, como miembros del rol consulta de la base de Datos Ventas, haga lo siguiente:

Use Ventas
Exec sp_addrolemember "Consulta", "CUNHA\user1"
Exec sp_addrolemember "Consulta", "CUNHA\user2"

Para eliminar a un usuario de un rol de Base de Datos, utilice el siguiente comando sp_droprolemember.

Por ejemplo, para eliminar a los usuarios user1 y user2 del Servidor CUNHA, del rol Consulta, de la base de Datos Ventas, haga lo siguiente:

Use Ventas
Exec sp_droprolemember "Consulta", "CUNHA\user1"
Exec sp_droprolemember "Consulta", "CUNHA\user2"

Atribuir Permisos de la Base De Datos

Para una base de Datos, podemos definir, de entre otras, los siguientes permisos:

- Create Table.
- Create View.
- Create SP.
- Create Rule.
- Create Function.
- Backup DB.
- Backup Log
- Etc.

Para atribuir permisos con el T-SQL, utilice el comando GRANT.

La sintaxis de GRANT es la siguiente:

GRANT { ALL | statement [,...n] } TO security_account [,...n]

Ejemplo1: Garantizar para el login CUNHA\user1 el permiso de crear nuevas Bases de Datos:

GRANT CREATE ANY DATABASE TO [CUNHA\user1]

(Login de instancia Windows)

Observación: La base de Datos actual debe ser el Master.

Ejemplo2: Atribuir los permisos CREATE TABLE, CREATE RULE y CREATE VIEW, al usuario user1 del servidor CUNHA en la base de Datos Northwind.

Use Northwind
GRANT CREATE TABLE, CREATE RULE, CREATE VIEW
TO [CUNHA\user1]

Ejemplo3: Atribuir los permisos CREATE TABLE, CREATE RULE y CREATE VIEW, para los usuarios user1 y user2 del servidor CUNHA en la base de Datos Northwind.

Use Northwind
GRANT CREATE TABLE, CREATE RULE, CREATE VIEW
TO [CUNHA\user1], [CUNHA\user2]

Ejemplo4: Atribuir todos los permisos para los usuarios user1 y user2 del servidor CUNHA, en la base de Datos Northwind.

Use Northwind
GRANT ALL TO [CUNHA\user1], [CUNHA\user2]

Para retirar los permisos de la Base de Datos, utilice el comando REVOKE.

Sintaxe:
REVOKE { ALL | statement [,...n] } FROM security_account [,...n]

Ejemplo1: Retirar el permiso de crear nuevas Bases de Datos, atribuida para el login CUNHA\user1, que hemos visto anteriormente.

REVOKE CREATE DATABASE TO [CUNHA\user1]

Observación: La base de Datos Master debe ser la actual.

Ejemplo2: Retirar todos los permisos atribuidos al usuario user1 del servidor CUNHA, en la base de Datos Northwind.

Use Northwind
REVOKE ALL TO [CUNHA\user1]

Los principales permisos de objetos de la Base de Datos son:

- SELECT.
- INSERT.

- DELETE.
- UPDATE.
- EJECUTE.
- REFERENCES.

Para atribuir permisos de los objetos de la base de Datos utilice el comando GRANT.

Ejemplo1: Garantizar para el usuario user1 de CUNHA el permiso de seleccionar nuevos registros y actualizar los registros existentes, en la tabla Cliente de la base de Datos Ventas.

Use Ventas
GRANT SELECT, UPDATE ON Cliente TO [CUNHA\user1]

Ejemplo2: Garantizar para el usuario user1 y user2 de CUNHA el permiso de seleccionar nuevos registros, actualizarlos y eliminarlos, en la tabla Cliente de la base de Datos Ventas.

Use Ventas
GRANT SELECT, UPDATE, DELETE ON Cliente
TO [CUNHA\user1], [CUNHA\user2]

Para retirar los permisos de los objetos de la base de Datos utilice el comando REVOKE.

Ejemplo1: Retirar el permiso UPDATE, atribuido para el usuario user1 del servidor CUNHA, que hemos visto anteriormente.

Use Ventas
REVOKE UPDATE ON Cliente TO [CUNHA\user1]

Ejemplo2: Retirar todos los permisos atribuidos al usuario user2, en la tabla Cliente de la base de Datos Ventas.

Use Ventas
REVOKE ALL ON Cliente TO [CUNHA\user2]

Para negar los permisos de los objetos de la base de Datos utilice el comando DENY.

Eemplo1: Negar permiso UPDATE, para el usuario user1 del servidor CUNHA, en la tabla Cliente de la base de Datos Ventas.

Use Ventas
DENY UPDATE ON Cliente TO [CUNHA\user1]

Eemplo2: Negar permiso SELECT, UPDATE y DELETE, para los usuario user1 y user2 del servidor CUNHA, en la tabla Cliente, de la base de Datos Ventas.

Use Ventas
DENY SELECT, UPDATE, DELETE ON Cliente
TO [CUNHA\user1], [CUNHA\user2]

Trabajando con Schema

A buen seguro unos de los principales cambios que sucedió entre las versiones anteriores y el SQL Server 2005 fue la separación entre usuarios y Schemas. Donde ya no existe más el concepto de dueño de los objetos de una base de Datos, tales como tablas, views y stored procedures. A partir del SQL Server 2005, todos los objetos pertenecen a un schema y tenemos el dueño del schema y ya no más el dueño de los objetos.

Vamos a aprender a ejecutar las siguientes tareas:

- Crear nuevos schemas.
- Atribuir objetos la schema.
- Modificar el dueño de un schema.

Ejemplo1: Vamos a crear un schema llamado Produccion, dentro de la base de Datos Empresa, de la instancia CUNHA. Para eso, siga los pasos que siguen a continuación:

- Abra el SQL Server Management Studio.
- En la ventana Object Explorer, navegue hasta la base de Datos Empresa.
- Haga clic en la señal de al lado de la base de Datos Empresa.
- Haga clic en la señal de al lado de Security.
- Haga clic en la señal de al lado de Schema y observe la lista de schemas ya definidos.
- Haga clic con el botón derecho del mouse en la opción Schema y seleccione la opción New Schema.
- En el campo Name teclee Produccion y, para el dueño de este schema, vamos a especificar el rol Gerentes. En el campo Schema Owner teclee Gerentes.
- Haga clic en OK. El nuevo schema está creado.

Al crear un schema podrá crear nuevos objetos y añadirlos a este schema, podrá modificar las propiedades de los objetos ya existentes, para que pasen a formar parte de este schema y podrá atribuir permisos de acceso, directamente al schema.

El SQL Server atribuirá el nuevo objeto que está siendo creado, al schema definido como Default schema (dbo), para el usuario logueado.

Como ejemplo vamos a crear una nueva tabla (Venta) en la base de Datos. Empresa y asociar esta tabla al schema Produccion.

- Seleccione la opción New Table.
- Abra la ventana de propiedades (F4).
- Seleccione Schema --> Produccion

Para Modificar el dueño de un schema, siga los siguientes pasos:

- Abra el SQL Server Management Studio.
- Localice el schema que será modificado.
- Haga doble un clic en el schema, para abrir la ventana de propiedades del schema.
- En la ventana propiedades, en la Pestaña General, en el

campo schema Owner, basta con teclear el nombre del nuevo dueño (que puede ser un usuario o una rol).

- Haga clic en OK.

Gestión y Alta Disponibilidad

Un gran desafío en la vida de cualquier administrador de bases de datos es gestionar y proveer alto rendimiento y alta disponibilidad en la infraestrutura tecnológica.

La información en el mundo corporativo crece mucho y cada vez más las empresas para alcanzar el éxito de sus negocios necesitan de la alta disponibilidad en el almacenimiento de datos.

En un entorno de alta disponibilidad, paralizar la base de datos para realizar mantenimientos de rendimiento (tunning), realizar nuevas configuraciones o realizar un cambio de discos rígidos en el entorno tecnológico podrá conllevar graves consecuencias financieras para la empresa.

En este capítulo vamos a utilizar las sigla de Database Administrator (DBA), esa sigla es la que se utiliza en el mercado de trabajo para denominar a un administrador de bases de datos.

Con el crecimiento de la base de datos el DBA necesita cada vez más de herramientas que aumenten su produtividad y lo ayude a automatizar las tareas diarias.

El almacenamiento y la alta disponibilidad en los sistemas de base de datos es un gran objetivo de cualquier DBA.

Cuando se busca tener el rendimiento del acceso a los datos y la alta disponibilidad, se deben utilizar tecnologías y recursos disponibles en el mercado de manera adecuada, garantizando las incontables mejorías en la gestión y disponibilidad del entorno.

Objetivo

El Objetivo de este capítulo es introducir conceptos de alta disponibilidad en almacenamiento de base de datos, enfatizar en la responsabilidad que un DBA debe tener con las informaciones cruciales de la base de datos y evaluar las herramientas disponibles en el mercado que facilitan la gestión del almacenamiento de esas informaciones.

Proveer de alta disponibilidad en el almacenamiento en la base de datos no es una tarea fácil, para que eso suceda el DBA deberá conocer su entorno de una forma amplia.

Base de datos relacional

Un sistema de base de datos es básicamente un sistema computadorizado de mantenimiento de registros, esos registros son almacenados en un base de datos que es controlado por un Sistema Gestor de Base de Datos (SGDB).

El SGBD tiene las características de reparto de datos, control de acceso, control de redundancia, interfaz, esquematización, backup y control de integridad, esas opciones garantizan los datos seguros, íntegros y disponibles cuando son solicitados por cualquier usuario del sistema.

El modelo de datos más popular es el de Entidad-Relación (ER), en el modelo ER tenemos entidades, atributos y relaciones. El lenguaje estándar del modelo ER es el lenguaje Structured Query Language (SQL) que fue basado en el álgebra relacional, su fácil comprensión hizo de este modelo el estándar adoptado por el mercado.

Almacenamiento

Sistema de Archivos

Un sistema de archivos controla todos los archivos en un sistema y procesa los comandos de los usuarios que desean interactuar (leer, grabar, modificar, crear, borrar, etc.).

Cualquier sistema de archivos debe ser capaz de almacenar, organizar, decodificar y manipular los datos independientemente de la forma de almacenamiento utilizada.

Otro punto es que un sistema de archivos debe gestionar y mantener la integridad y seguridad de los archivos.

Debe permitir la identificación, organización, reparto, acceso, protección y operaciones de Entrada/Salida (I/O) en los datos almacenados, además de garantizar un acceso rápido a los datos solicitados por el sistema operativo.

Los sistemas de archivos más comunes son:

- Apple: HFS ;
- Unix: UFS, Ext2, Ext3 y Ext4;
- IBM: HPFS;
- Microsoft: FAT 32 y NTFS;

En resumen un sistema de archivos debe ser extremadamente seguro, rápido y de fácil mantenimiento.

Storage

Se define un storage como un dispositivo que almacena datos de forma persistente para su uso posterior.

Un storage debe ser gestionable, proveer de disponibilidad, seguridad, escalabilidad, rendimiento e integridad de los datos almacenados.

En los storage se destacan los siguientes tipos:

- **Direct-Attached Storage (DAS):** un dispositivo de almacenamiento tradicional, no utiliza ningún tipo de red.
- **Network-Attached Storage (NAS):** un dispositivo conectado a un ordenador que es accedido a través de una red, normalmente está asociado al protocolo Network File System (NFS).
- **Storage Area Network (SAN):** una red especializada, que permite a otros ordenadores tener acceso al almacenamiento de datos.

La diferencia crucial entre el NAS y SAN es la forma en como el sistema de archivos accede a SAN..

Por SAN el acceso es al nivel de direccionamiento de bloque (block-addressing raw level data) de los discos de SAN, ese modo normalmente está asociado al protocolo Fibre Channel.

RAID

Un RAID es una tecnología que posibilita el uso de múltiples discos en conjunto, el cual suministra protección a los datos contra fallos de Hard Disk Drives (HDDs), esta tecnología también puede ser aplicada en storage.

De forma general el RAID genera un aumento de rendimiento de I/O en el sistema de almacenamiento, debido al uso de varios HDDs.

Con el tiempo el término RAID fue redefinido para Redundant Array of Independent Disks reflejando el avance en la tecnología de almacenamiento.

La tecnología RAID dejó de ser un concepto académico para hacerse un estándar de la industria. Existen dos tipos de implementación de RAID: software y/o hardware, consiguiendo mayor confiabilidad, compatibilidad y rendimiento en las implementaciones realizadas vía hardware.

El RAID vía hardware puede ser implementado a través de placas controladoras o a través de storages externos que presentan los volúmenes para el host , y estos se comunican a través de un protocolo soportado por el conjunto de discos.

- **RAID 0** - Striping, los datos son distribuidos entre los discos que están alojados en el RAID, no tiene seguridad, la pérdida de un disco representa la pérdida del array.
- **RAID 1** - Mirroring, los datos son grabados simultáneamente, idénticamente en dos o más discos, el fallo de un disco no acarrea la pérdida de datos.
- **RAID 10** - Es la combinación de striping y mirroring. Los datos son primero espejados y después distribuidos.
- **RAID 5** - Mínimo de tres discos para ser implementado, distribuye los datos y los códigos de paridad de esos datos entre los discos de la array. Si un disco fallar no hay pierda de informaciones. Los datos y la paridad de esos datos son usados para reconstruir el disco que falló. El RAID 5 es el preferido para mensajes de e-mail, data mining, servicios de media además de SGBD ya que optimiza los accesos a los datos.

Los discos únicos pueden fallar y eso representa una amenaza constante para el DBA. Utilizando las técnicas de RAID se aumenta la disponibilidad a través del espejamiento y la paridad, además de mejorar el rendimiento, ya que al distribuir los datos por múltiples HDDs se incrementa la performance de I/O.

El RAID es una tecnología fundamental para diversos avances en almacenamiento y ofrece alto rendimiento y alta disponibilidad.

Raw devices

Un concepto importante en el almacenamiento es el de Raw devices (Dispositivo de almacenamiento de datos en estado bruto), en un entorno crítico, una base de datos necesita del mejor rendimiento de grabación y de recuperación de datos en disco, es uno de los objetivos más deseados por cualquier DBA.

Raw devices son particiones en la forma bruta, es decir, sin formatación, en ese caso es necesario un aplicativo específico para su gestión, ya que como la partición no está formateada esta no tiene un sistema de archivos.

Entornos críticos y alta disponibilidad

Cluster

Un gran problema computacional en que el procesamiento paralelo se considerado una ventaja, puede estar indicado para utilización en un cluster.

Un cluster es una agrupación de dos o más ordenadores o sistemas que comparten básicamente memoria, almacenamiento, procesamiento y red.

En un sistema de cluster los ordenadores son denominados como uno y están conectados entre sí a través de una Red de Área Local (LAN).

Las principales características de un cluster son: rendimiento, balanceamento de carga y redundancia de datos.

Para el usuario un cluster se resume en un único ordenador mucho más potente. Algunos tipos de clusters son los que vemos a continuación:

- **High Availability**: de alta disponibilidad, utilizado en bases de datos de misión crítica.
- **Load Balancing**: distribuye el tráfico entrante y los recursos del cluster, utilizado en web farms y también en cluster de procesamiento distribuido, ese modelo aumenta el rendimiento y la disponibilidad de aplicaciones principalmente de grandes tareas computacionales, también es usado en aplicaciones financieras y científicas.

Continuidad de Negocios

El Business Continuity (BC), implica la preparación, respuesta y recuperación de un fallo sistémica, envuelve medidas pro-activas, análisis y evaluaciones de riesgo, protección de datos, seguridad y también medidas reactivas en caso de fallos.

La "Continuidad del Negocio" tiene que garantizar la disponibilidad de las informaciones garantizando las operaciones de la empresa.

La indisponibilidad de datos, tiempo inactivo o paradas no planeadas dan como resultado en pérdida de produtividad e ingresos, rendimiento financiero débil y daños a la reputación.

El impacto del tiempo de inactividad sobre el negocio es la suma de todas esas pérdidas generadas como resultado de determinada interrupción.

El coste medio por hora de tiempo inactivo suminista una estimación clave para establecer soluciones de BC.

Tolerancia la Fallos

Para atenuar un punto único de fallo, los sistemas son proyectados con redundancia, a modo que sólo fallen si todos los componentes del grupo de redundancia fallan.

Esa estructura asegura que el fallo de un único componente no afecte a la disponibilidad.
Habitualmente se aplican directrices muy rigurosas para implementar la estructura de tolerancia la fallos en Data Centers. De entre las cuales podemos citar:

- Configuración de Storage Array.
- Configuración de RAID asegura una operación continua en caso de fallo del Hard Disk (HD)

Configuración de Clusters

Las nuevas tecnologías llevan a un conjunto variado de opciones en términos de dispositivos y soluciones de almacenamiento que atiendan a requisitos de alta disponibilidad y continuidad de negocios.

Analizar las configuraciones de hardware y software y su impacto en las operaciones de la empresa, son esenciales, ya que en un entorno de negocios en constante cambio, el BC se hace una tarea exigente.

A continuación veremos una solución específica de alta disponibilidad en almacenamiento.

Alta disponibilidad en almacenamiento

La utilización de herramientas específicas que garanticen integridad, alta disponibilidad, seguridad y alto rendimiento en el almacenamiento de datos en un entorno crítico deben ser cuidadosamente escogidos por el DBA, ya que una planificación que no aborde correctamente el crecimiento de la empresa afectará a su necesidad de almacenamiento, el acceso íntegro y seguro a lo largo del tiempo.

Una gestión incorreta de las informaciones disponibles en su base de datos afectará drásticamente a la continuidad de los negocios.

Todo DBA busca herramientas donde este pueda tener un mejor rendimiento aliado con una mayor seguridad. Los conceptos básicos que hemos visto hasta ahora le ayudará a entender una tecnología desarrollada por Oracle que fue implementada en la versión Oracle 10g release 1 llamada de Oracle Automatic Storage Management (ASM).

La tecnología ASM tiene su propio sistema de archivos, llamado Oracle ACFS, (Automatic Storage Management Cluster File System) este es un sistema de archivos escalable y multi-plataforma.

El Oracle ASM es capaz de gestionar el almacenamiento en servidores stand-alone o en servidores en cluster.

La herramienta dispone de funciones integradas que permiten al DBA el análisis completo de su entorno de almacenamiento, garantizando la integridad de las informaciones disponibles.

Es posible visualizar la carga de I/O de informaciones en uso en el grupo de discos, y esa visualización permite al DBA planear de manera más eficiente los mantenimientos técnicos, además de escalar adecuadamente la expansión del entorno de almacenamiento.

Base de datos Oracle

Oracle Corporation más conocida como Oracle es una empresa americana con sede en la ciudad de Redwood City en el estado de California.

Su principal producto es la Oracle Database que tiene las versiones Express Edition, Standard Edition, Standard Edition One y Enterprise Edition.

La base de datos Oracle tiene como su principal característica seguir el modelo relacional además de evolucionar cada versión ofreciendo herramientas para una mejor gestión, proveyendo escalabilidad, seguridad y alto rendimiento para el almacenamiento de datos.

Los archivos de la base de datos Oracle están agrupados en una o más tablespaces. Mientras una tablespace es una división logica, un datafile es una división física que por su parte puede formar parte de una o más tablespaces.

Una instancia Oracle, concepto fundamental en la estructura de la base de datos Oracle es una combinación del área de memoria reservada y los procesos en background usados para gestionar el acceso a las informaciones almacenadas en la base de datos.

Oracle ASM

Uno de los recursos que permiten alta disponibilidad al acceso a los datos es el Oracle ASM.

El Oracle ASM es un gestor de volúmenes y un sistema de archivos que utiliza el recurso de multiplexación automatizada que distribuye entre los discos disponibles los archivos de datos, archivos de log y archivos de control, este soporta instancias simples y configuraciones con múltiples instancias a través del Oracle Real Aplication Cluster (RAC).

Esa solución de gestión y almacenamiento utiliza dispositivos Raw devices separados por grupos de discos, utilizados para almacenar los archivos de datos.

Siendo los grupos de discos una colección de discos gestionados como una única unidad. La tecnología Oracle ASM permite la gestión, adición y supresión de nuevos discos al grupo de discos mientras la base de datos no para de funcionar, de esta forma eliminamos las paradas no programadas.

El Oracle ASM puede coexistir con otros tipos de sistemas de archivos y tecnologías de gestión de almacenamiento de discos, facilitando así su implantación.

Una instancia de Oracle ASM es similar al concepto de instancia de una base de datos, tiene una área llamada de System Global Area (SGA) y procesos de background, pero para realizar una cantidad más pequeña de tareas el SGA del Oracle ASM tiene un menor impacto en el rendimiento del servidor. Las instancias del Oracle ASM disponibiliza los archivos y monta los grupos de discos para la instancia de la base de datos.

En entornos con Oracle RAC se creado una instancia ASM para cada nodo del cluster. Sólo se necesita una instancia ASM para cada nodo, no importa cuántas instancias de la base de datos estén en el nodo.

La figura 1 muestra múltiples instancias de base de datos accediendo a una única instancia Oracle ASM.

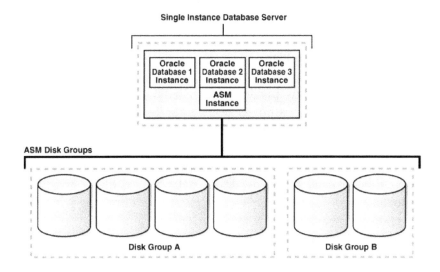

Figura 1: Una instancia de Base de Datos

La figura 2 muestra el Oracle RAC accediendo a un pool de storage, una instancia Oracle ASM para cada nodo, sirviendo múltiples o simples instancias de base de datos. Todas las bases de datos pueden acceder y compartir los mismos dos grupos de discos.

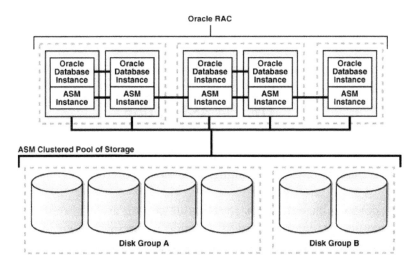

Figura 2: Un Oracle RAC acessando un pool de storage.

Un grupo de discos es un conjunto de varios discos. Es el objeto fundamental que gestiona el Oracle ASM, incluye discos, archivos y las unidades de alojamiento.

Una base de datos puede hacer uso de archivos esparcidos en varios grupos de discos por el hecho que los archivos forman parte de varias bases de datos.

El Oracle ASM Disks son dispositivos de almacenamiento disponibles para el grupo de discos del Oracle ASM, estos pueden contener:

- Un disco o una partición de una array de discos;
- Un disco entero o una partición de un disco;
- Logical Volúmenes;
- NFS;

El Oracle ASM esparce los archivos proporcionalmente hacia el grupo de discos. Ese estándar de almacenamiento mantiene cada disco con la misma capacidad y garantiza que cada disco tenga la misma carga de I/O.

Ese balanceamiento de carga desencoraja la configuración de diferentes ASM Disks en un mismo disco físico.

Oracle ASM Files

Los Oracle ASM Files son archivos almacenados en los grupos de disco, la base de datos se comunica con esos archivos.

Es como la base de datos se relaciona con un archivo almacenado en cualquier sistema de archivos. Cuando un archivo es creado en la base de datos este es dividido y distribuido (striped) a través del grupo de discos, por ejemplo, un grupo de seis discos con Oracle ASM disks tiene su espacio de alojamiento distribuido igualmente en los seis discos. Cuando se accede, este será leído en los seis discos en paralelo, aumentando así su rendimiento.

Implementación del Oracle ASM

Para conceptuar mejor la herramienta Oracle ASM efectuamos la instalación de la base de datos Oracle Database 11G release 1 en el sistema operativo Linux CENTOS 5.4 32 bits y Oracle Database 11G release 2 en Microsoft Windows Server 2012 Standard 64 bits. Observamos que en ambos sistemas fue necesario la preparación del grupo de discos en el modo RAW device antes de la instalación de la base de datos.

En la instalación efectuada en el Linux CENTOS fue necesario configurar y habilitar el servicio llamado rawdevice, se realizó la instalación y configuración de tres paquetes para la preparación del entorno, además de la creación de tres grupos más de usuarios específicos para la instalación del Oracle ASM.

Durante la instalación del Oracle Database 11G release 1 fue posible ver el momento donde se crea la instancia ASM.

Mientras el Microsoft Windows Server 2012 utilizó la herramienta de gestión de disco para crear la partición primaria en el modo RAW, fue necesario a la instalación del Oracle Grid Infrastructure para la creación del grupo de discos, después de eso efectuamos la instalación del Oracle Database 11G release 2.

En ambos casos utilizamos las herramientas Enterprise Manager y SQL Plus para verificar el status de la instancia de la base de datos y ASM A pesar de la versión de los sistemas citados arriba no sean homologados por la Oracle la instalación ocurrió de forma satisfactoria.

Durante las pruebas para la instalación utilizamos también el sistema Microsoft Windows Server 2008 Standard 32 bits. En la etapa trece para la instalación del Oracle Database 11G release 2 sucedió el error INS-35210, fue depurado y su causa se debe al hecho de que el Oracle ASM no pueder ser instalado en la versión de 32 bits del Microsoft Windows.

Para implementar el Oracle ASM en el entorno Linux es necesaria una mejor preparación del entorno en comparación al entorno Microsoft. La instalación fue efectuada en un entorno virtual utilizando el Virtual Box 4.2.12 que es de propiedad de la Oracle.

La herramienta Oracle ASM disponen de recursos que facilitan la gestión del grupo de discos, al necesitar expandir el grupo de discos no es necesario la parada de la base de datos.

Esa tecnología tiene una estructura flexible, es posible gestionar instancias ASM y grupo de discos a través del aplicativo Enterprise Manager o SQL Plus. El Oracle ASM suministra balanceamiento de carga de I/O en los grupos de discos.

Utilizando el aplicativo Enterprise Manager visualizamos el grupo de discos y el estado de cada disco, histórico de uso de los discos, también tiene un gráfico de tiempo de repuesta de I/O, esos recursos proveen gestión además de los recursos de alta disponibilidad como la redundancia de discos.

Conclusión

La necesidad de gestión y alta disponibilidad de almacenamiento deben unir diversas técnicas y herramientas.

Los puntos de fallo como discos únicos y entornos sin redundancia afectan directamente a la continuidad de los negocios.

Un sistema de archivos en conjunto con un gestor de volúmenes debe utilizar técnicas de alta disponibilidad y gestión de una forma eficiente y segura.

Las herramientas disponibles en el mercado garantizan al DBA soluciones altamente eficientes para la gestión de la base de datos, y cuando se implementan garantizan rendimiento, escalabilidad, seguridad y alta disponibilidad de las informaciones almacenadas.

A lo largo de la instalación, configuración y utilización del Oracle ASM fue posible verificar que la herramienta trae opciones para gestión y alta disponibilidad en el almacenamiento de la base de datos de una forma práctica, ayudando en el trabajo del DBA.

Acerca del autor

Este libro ha sido elaborado por Miguel Ángel Benítez Garrido y Ángel Arias. Miguel Ángel Experto consultor en TI, analista y gestor de proyectos de bases de datos y formador de formadores en el área de tecnologías de la información.

Espero que con este libro le haya podido ayudar a descubrir algunos de los puntos críticos en la misiones de un Administrador de Bases de Datos, que es una figura de transcendental importancia dentro de cualquier gran corporación en la actualidad.

Ángel Arias es un consultor informático con más de 12 años de experiencia en sector informático. Con experiencia en trabajos de consultoría, seguridad en sistemas informáticos y en implementación de software empresarial, en grandes empresas nacionales y multinacionales, Ángel se decantó por el ámbito de la formación online, y ahora combina su trabajo como consultor informático, con el papel de profesor online y autor de numerosos cursos online de informática y otras materias.

Ahora Ángel Arias, también comienza su andadura en el mundo de la literatura sobre la temática de la informática, donde ,con mucho empeño, tratará de difundir sus conocimientos para que otros profesionales puedan crecer y mejorar profesional y laboralmente.

Muchas Gracias